海岛文化发展与实践研究

陈默 著

北 京

冶金工业出版社

2022

内 容 提 要

海洋作为人类社会最重要的、也是最基本的自然资源，更具有自己独特的性质。本书关注海岛发展最新动态，制定海岛旅游发展总体规划，明确重点、分步推进。基于海岛文化的逻辑起点和实现路径，对新时代海岛文化的前沿问题进行了研究和探索，为打造适合不同消费者群体、多层次、多元化的海岛文化产业体系提供理论支撑。

本书是在作者一系列具有应用价值的课题研究成果的基础上写成，可供海岛管理的研究者以及对海岛文化感兴趣的读者阅读参考。

图书在版编目 (CIP) 数据

海岛文化发展与实践研究/陈默著 . —北京：冶金工业出版社，2022. 1
ISBN 978-7-5024-8375-3

Ⅰ. ①海⋯ Ⅱ. ①陈⋯ Ⅲ. ①岛—旅馆—经营管理—中国 Ⅳ. ①F726. 92

中国版本图书馆 CIP 数据核字 (2019) 第 294910 号

海岛文化发展与实践研究

出版发行 冶金工业出版社	电 话 (010)64027926
地 址 北京市东城区嵩祝院北巷 39 号	邮 编 100009
网 址 www. mip1953. com	电子信箱 service@ mip1953. com

责任编辑 夏小雪 卢 蕊 美术编辑 郑小利 版式设计 孙跃红
责任校对 卿文春 李 娜 责任印制 李玉山
三河市双峰印刷装订有限公司印刷
2022 年 1 月第 1 版，2022 年 1 月第 1 次印刷
710mm×1000mm 1/16；8.5 印张；139 千字；124 页
定价 48. 00 元

投稿电话 (010)64027932 投稿信箱 tougao@cnmip. com. cn
营销中心电话 (010)64044283
冶金工业出版社天猫旗舰店 yjgycbs. tmall. com
(本书如有印装质量问题，本社营销中心负责退换)

海岛文化的理论范畴与现实逻辑的新探索

《海岛文化发展与实践研究》一书是作者积多年对海岛实地研究之所得而撰写的一部专著，对海岛管理的理论范畴与现实逻辑进行了新的探索，提出的关于海岛文化的问题和阐述的观点具有前瞻性。

海岛文化是海洋资源管理的一门新兴学科，也是新的学术研究领域。作者之前的著作《海岛民宿：环境艺术学》也是基于海洋资源管理制度的基本逻辑，系统阐述如何综合运用基本理论的方法对海岛设计、经营、消费体验进行有效管理。《海岛文化发展与实践研究》是在《海岛民宿：环境艺术学》基础上的深入研究。纵观全书，有以下三个突出的特点。

第一，贯彻中央精神，探索旅游创新。近年来，海洋旅游在我国社会经济发展中的重要性日渐凸显。2019年7月，国务院总理李克强在主持召开的国务院常务会议中明确提出需要促进商品消费和文化旅游的措施，比如丰富产品供给，鼓励新业态发展。我国海洋产业正从传统产业转变为向业态创新要未来的创新性产业。我国需要以海洋旅游作为产业依托，带动文化、贸易、金融、交通、基建等多个领域发展。如何综合运用海岛文化等途径对海洋自然资源利用进行计划、组织、协调和控制，提高海洋利用的生态、经济和社会效益已成为当前研究的重要课题。本书从7个角度探究海岛文化的逻辑机理，拓展了管理学科的应用领域，凸显了海岛文化在海洋旅游的基础性地位。

第二，追踪前沿领域，提升海岛旅游品质。自然资源是人类能够从自然界获取以满足其需要的天然生成物。而海洋作为人类社会最重要的、也是最基本的自然资源更具有自己独特的性质。海洋旅游业的发展必须坚持开发与保护并重，守住环保底线，坚持"不仅要金山银山，更要绿水青山"的原则。海岛文化建设既要实现不雷同、不盲目，又要实现人与自然和谐发展。本书关注海岛发展最新动态，制定海岛

旅游发展总体规划，明确重点、分步推进。基于海岛的逻辑起点和实现路径，对新时代海岛文化的前沿问题进行了研究和探索，为打造适合不同消费者群体、多层次、多元化的海岛文化产业体系提供理论支撑。

第三，理论联系实际，注重成果应用。本书是在作者一系列具有应用价值的课题研究成果的基础上写成的，不仅可以作为大学生的教材用书，也可作为干部培训教材和研究参考用书。该书对海岛文化研究领域和研究前沿的梳理，有助于激发研究海岛文化学者们的灵感，推动该领域研究的深化。同时，填补了目前该学科领域中文教科书的空白，又符合有关管理部门对海岛文化培训的需要。基于以上原因，我愿意将此书推荐给海岛管理的研究者以及对海岛文化感兴趣的朋友。

本书将在中国海洋文化研究中心海洋文化教学平台应用，作为海洋文化体验式教学平台，为中外海洋文化传播做出了贡献。本书在写作过程中，借鉴了很多相关研究成果，在此对有关的学者、作者表示诚挚的感谢。同时，在编写过程中还得到了杨光熙、瞿明刚、赵筱侠、马忠杰等领导和同事的大力支持，在此表示感谢。

限于本书作者学识有限，疏漏和不当之处恳请广大读者积极给予指正，以便使本书不断完善。

作　者

2022 年 1 月

目　　录

上篇　海岛原生态介绍

下篇 基于海岛原生态基础上的再开发

上 篇

海岛原生态介绍

1 海岛地貌解析和风景介绍

1.1 世界海岛概述

1.1.1 海岛概况

全球岛屿总数在 5 万个以上，总面积约为 997 万平方千米，大小几乎和我国面积相当，约占全球陆地总面积的 1/15。从地理分布情况看，世界七大洲都有岛屿。其中：北美洲岛屿面积最大，达 410 万平方千米，占该洲面积的 20.37%；南极洲岛屿面积最小，才 7 万平方千米，只占该洲面积的 0.5%。南美洲最大的岛是位于南美大陆最南端的火地岛，为阿根廷和智利两国所有，面积 48400 平方千米；南极洲最大的岛屿是位于别林斯高晋海域的亚历山大岛，面积 43200 平方千米。

中国沿海分布着面积大于 500 平方米的大小岛屿 6500 多个，总面积约为 8 万平方千米。岛屿面积相差很大，其中台湾岛最大，海南岛次之。位于台湾岛东北海面上的钓鱼岛、赤尾屿，是中国最东的岛屿。南海共有 200 多座岛、礁滩、暗沙，分属东沙、西沙、中沙、南沙 4 个群岛，另外，还有庙岛群岛、长山群岛、舟山群岛、澎湖列岛等。

1.1.2 海岛分布

海岛广大地区以丘陵山地为主，一般海拔在 50~450 米之间，其面积约占乡级岛屿总面积的 62.37%；平原区面积约占乡级岛屿总面积的 37.63%，地势平坦开阔，海拔高程在 1~3 米，近滨海地带略低，山前地带略高。河流一般局限于较大岛屿之上，出露短小，均属山溪沟谷型河流；较小岛屿仅有季节性溪流分布。

1.1.3 海岛成因

1.1.3.1 地壳活动

因地壳运动引起陆地下沉或海面上升，部分陆地与大陆分离成岛。从成

因上讲岛屿可分为大陆岛和海洋岛两类。大陆岛是以大陆为"本家",多呈花彩链状分布在大陆边缘的外围。在地质构造上与附近大陆相连,只是由于地壳变动或海水上升,局部陆地被水包围而成岛屿。中国的台湾岛就是最典型的大陆岛。

1.1.3.2 火山喷发或珊瑚虫分泌

由海底火山作用而产生的喷发物质(主要是熔岩)堆积而成或由珊瑚虫的分泌物和遗骸堆积的珊瑚礁构成的岛屿。海底火山喷发,火山喷发物堆积而形成的岛屿叫火山岛。太平洋中的夏威夷岛是典型的火山岛。塑造珊瑚岛的主力军是珊瑚虫。珊瑚虫遗体堆积而成的海岛叫珊瑚岛。珊瑚岛主要分布在南北纬20°之间的热带浅海地区,以太平洋的浅海比较集中,如澳大利亚东北面的大堡礁。中国南海诸岛中的多数岛屿均为珊瑚岛。

1.1.3.3 泥沙堆积

由河流、湖泊中的泥沙堆积而成。冲积岛则是由河流或波浪冲积而成的岛屿。中国长江口的崇明岛就是中国最大的冲积岛。

1.1.4 海岛种类

海洋中的岛屿面积大小不一,小的不足1平方千米,称为"屿";大的达几百万平方千米,称为"岛"。按岛屿的数量及分布特点分为孤立的岛屿和彼此相距很近、成群的岛屿(群岛)。

按岛屿的成因可分成大陆岛、火山岛、珊瑚岛和冲积岛四大类。

1.1.4.1 大陆岛

大陆岛是一种由大陆向海洋延伸露出水面的岛屿。世界上较大的岛基本上都是大陆岛。它是因地壳上升、陆地下沉或海面上升、海水侵入,使部分陆地与大陆分离而形成的。世界上最大的格陵兰岛、著名的日本列岛、大不列颠群岛,以及中国的台湾岛、海南岛,都是大陆岛。

其成因主要有:

因构造作用,如断层或地壳下沉,致使沿岸地区一部分陆地与大陆相隔成岛;或因陆块分裂漂移,岛与原先的大陆之间被较深、较广的海域隔开。

前者如中国的台湾岛、海南岛，欧洲的不列颠群岛，北美洲的格陵兰岛和纽芬兰岛等；后者如马达加斯加岛、塞舌尔群岛等。

由冰碛物堆积而成。原为大陆冰川的一部分，后因间冰则气候变暖，冰川融化，海面上升，同大陆分离，如美国东北部沿岸和波罗的海沿岸的一些岛屿。

1.1.4.2 火山岛

青海湖鸟岛远景火山岛是因海底火山持久喷发，岩浆逐渐堆积，最后露出水面而形成的。如夏威夷群岛是由一系列海底火山喷发而成，露出水面后呈长长的直线形。

火山岛按其属性分为两种，一种是大洋火山岛，它与大陆地质构造没有联系；另一种是大陆架或大陆坡海域的火山岛，它与大陆地质构造有联系，但又与大陆岛不尽相同，属大陆岛屿大洋岛之间的过渡类型。

1.1.4.3 珊瑚岛

一般分布在热带海洋中，与大陆的构造、岩性、地质演化历史没有关系，因此珊瑚岛和火山岛一起被统称为大洋岛。它是由活着的或已死亡的一种腔肠动物——珊瑚虫的礁体构成的一种岛，因此称为珊瑚岛。在珊瑚岛的表面常覆盖着一层磨碎的珊瑚粉末——珊瑚砂和珊瑚泥。

珊瑚岛是由热带、亚热带海洋中的珊瑚虫残骸及其他壳体动物残骸堆积而成的，主要集中于南太平洋和印度洋中。珊瑚礁有三种类型：岸礁、堡礁和环礁。世界上最大的堡礁是澳大利亚东海岸的大堡礁，长达 2000 千米以上，宽 50~60 千米，十分壮观。

世界著名的珊瑚群岛有：

西沙群岛　加罗林群岛　大堡礁（澳大利亚）
南沙群岛　拉利克群岛　拉克沙群岛（印度）
中沙群岛　图瓦卢群岛

1.1.4.4 冲击岛

冲击岛也称冲积岛，由于它的组成物质主要是泥沙，故也称沙岛。冲积岛是陆地的河流夹带泥沙搬运到海里，沉积下来形成的海上陆地。陆地的河

流流速比较急，带着上游冲刷下来的泥沙流到宽阔的海洋后，流速就慢了下来，泥沙就沉积在河口附近，积年累月，越积越多，逐步形成高出水面的陆地，这就叫冲积岛。

世界上许多大河入海的地方，都会形成一些冲积岛。中国共有400多个冲积岛，长江入海口的崇明岛，就是一个很大的冲积岛，是中国的第一大冲积岛。中国第二大冲积岛是湖北枝江长江中的百里洲。

冲积岛的成因不尽相同。中国长江口的沙岛是由于涨落潮流不一所致，形成暖流区，是泥沙不断堆积而形成的。珠江口沙岛成因不一，有的是由河心滩发育而成；有的是由于河流中油岩岛阻挡产生河汊，在河汊流速较慢的一侧泥沙沉积而成沙垣，再发育成沙岛；有的由河口沙嘴发育而成，最典型的是台湾岛浊水溪三角洲外的一系列沙岛；还有一种是由波浪侵蚀沙泥海岸，从海岸分离出小块陆地，也成了沙岛，这种沙岛较为少见。

冲积岛的地质构造与河口两岸的冲积平原相同。其地势低平，在岛屿四周围绕着广阔的滩涂。河口地区的冲积岛，每逢遇到强潮倒灌或洪水倾泻，强烈的冲蚀会使岛四周形态发生改变。一般情况下，在冲积岛屿河流和潮流平行的两边，总是一边经受侵蚀，一边逐渐淤积，久而久之，便形成长条形岛屿；有的冲积岛会被冲蚀消失；有的岛屿则会不断发育成长，最后与大陆连成一体。冲积岛由泥沙组成，结构松散，因而很不稳定，岛的面积往往会因周围水流条件的变化长大或缩小，形态也会变化。冲积岛上，地貌形态简单，地势平坦，海拔只有几米，有些有绿荫覆盖，有些则是满目黄沙。在土壤化较好的冲积岛上，种植护岛固沙的林木、绿草和庄稼。

冲积岛一般都位于大河的出口处或平原海岸的外侧，是河流泥沙或海流作用堆积而成的新陆地。世界最大的冲积岛是位于亚马逊河河口的马拉若岛。

1.2　海岛地貌解析

1.2.1　海岛地貌类型划分

分类原则：按形成各类地貌形态的主要动力作用进行一级分类，在此基础上根据地貌成因及形态再进行二级分类。

根据上述原则，依据地貌形态、成因、物质组成和时代特征等，将海岛

地貌进行三级划分，其中陆域地貌单元分为两大类，七亚类；岸滩地貌单元划分为两大类，七亚类；人工地貌单元分为四大类。

海岛地貌类型划分见表1-1。

表1-1 海岛地貌类型划分

地域	类型	亚类	地域	类型	亚类	地域	类型
陆域地貌	侵蚀剥蚀地貌	高丘陵	岸滩地貌	海岸地貌	基岩海岸	人工地貌	陆域人工地貌
		低丘陵			砂砾质海岸		海岸人工地貌
	堆积地貌	洪积平原			淤泥质海岸		
		洪积冲积平原			人工海岸		潮间带人工地貌
		海积平原		潮间带地貌	岩滩（石质滩）		
		冲积海积平原			海滩（砂砾滩）		海域人工地貌
		风成沙地			潮滩（淤泥滩）		

1.2.2 海岛地貌类型特征

在长期地质年代的内外营力作用下，陆域地貌环境发生了巨大的变化。其中，构造侵蚀、剥蚀和海侵、海退的作用表现尤为显著。因此，海岛地貌主要表现为两大类型，即侵蚀剥蚀作用与堆积作用形成的地貌环境。此外，还有岸滩地貌和人工地貌。

1.2.2.1 侵蚀剥蚀地貌

高丘陵由海拔高程200~500米的山体构成，海岛地区主要由白垩纪早期火山碎屑岩类组成，次之为燕山晚期酸性或偏碱性侵入岩组成。山顶或山脊平坦开阔，发育风化残积层，分布一、二级剥蚀面。火山碎屑岩类坡形一般为下凹形坡；侵入岩类一般为上凸形坡。分布特征：主要分布在舟山岛、衢山岛、金塘岛、玉环岛、桃花岛和洞头列岛的鹿西岛和大门岛等较大岛屿。

低丘陵由海拔高程小于200米的山体构成，主要由白垩纪早期火山碎屑岩类和燕山晚期酸性偏碱性侵入岩组成，山顶或山脊平坦开阔，发育残坡积层，具有三、四级剥蚀面特征。侵入岩类丘陵坡形一般为上凸形坡，具有较典型的石蛋地貌特点；火山碎屑岩类坡形一般为下凹形坡。分布特征：分布普遍，主要在嵊泗列岛、岱山列岛、六横岛、台州列岛、洞头列岛、南麂列岛以及大部分小岛，均由该类型地貌组成。

1.2.2.2　堆积地貌

堆积平原主要分布在山麓沟谷或山前地带，堆积地貌物质组分较为复杂，由坡洪积、洪积或洪冲积类型组成，地势上表现斜坡向河谷倾斜，呈现为较典型的洪积扇、冲积扇等地貌形态。海岛地区此类地貌单个类型分布面积一般较小。

洪积冲积平原地势较平坦开阔，往往发育在较大岛屿山麓沟谷与海积平原区接触地带，呈现带状分布，一般延伸不长，下游为海积层覆盖，埋藏于海积平原深处。由砂砾石夹黏性土组成，分布面积较小，仅分布在舟山岛及玉环岛高丘陵分布最广的大岛上。

海积平原主要为全新世纪晚期最后一次海侵形成的，分布在海湾内侧，地势开阔平坦，一般海拔高程在1.5~3米之间，由青灰色淤泥质粉砂土、淤泥质黏性土等组成，平原区为海岛主要养殖和种植区，此类地貌较广泛地分布在各主要大岛上。

冲积海积平原主要分布在较大江河入海处，仅见于七都涂和灵昆岛，岛屿形态上呈现梭子状与河江平行，地貌由海与江河共同作用形成，由砂质粉土、粉砂、含砾砂、淤泥质亚砂土等组成。地势开阔、平坦，海拔高程在2~5米，平原区网格水系发育，人类活动影响较大，岛屿端点处仍在淤涨。

风成沙地此类地貌具有局限性，一般分布在滨海沙滩后缘地带，风积沙构成沙丘地貌、岸后沙堤地貌、或覆盖于岸后山体斜坡上。地势开阔，沙丘起伏，总体较平坦。风积沙由细砂或粉细砂组成，结构松散，具有移动性。

1.2.2.3　岸滩地貌

岸滩地貌包括海岸地貌和潮间带地貌。

（1）海岸地貌。

1）基岩海岸是浙江海岛基岩岸线长达3274.1千米，占岸线总长的81.1%。基岩海岸经历了长期海浪的冲刷侵蚀，岸线基本稳定，后退不明显，在迎强风强浪一侧海岸，海蚀地貌发育，即海蚀陡崖、海蚀洞（穴）、海蚀柱、海蚀沟槽常见；背强风强浪一侧或海湾内的岛屿，基岩岸坡脚下常

发育规模不等的淤泥质潮滩或水下浅滩。

2）砂砾质海岸是由砾石和砂组成的海岸，海岸总长度约69.2千米，占岛岸总长的1.4%。

3）淤泥质海岸由黏土和粉砂组成，淤泥质海岸常伴随有淤泥质潮滩发育，由于近年来人工围涂，多数被人工海岸所取代，故天然的淤泥质海岸已为数不多，总长度小于22.9千米，约占海岛岸线总长度的0.5%。

4）人工海岸主要指人工围涂建设的海塘堤坝、港口码头区的护岸海堤等。部分岛屿人工海岸占据较大比例，个别岛屿均为人工海岸。

（2）潮间带地貌。

1）滩分布于岬角处或基岩海岸外侧，一般面积较小，出露局限，由低潮位出露的石陂、海蚀平地、干出礁等石质潮间带组成。此类地貌各大小岛屿均有分布。

2）海滩主要由沙滩、沙砾滩和砾石滩组成，分布在各大岛屿潮间带海岸。沙滩一般由细砂、中细砂组成；沙砾滩由砂和砾组成；砾石滩由细砾、巨砾两种类型组成。海滩地貌向海一侧倾斜，倾角一般在1°～5°，分布长度几十米至几千米，宽度在几十米至几百米。

潮滩分布在潮间带之间，沿海岸分布，退潮后滩涂地势平缓开阔，宽达几千米，长达十几千米，分布面积大，向海一侧倾斜，倾角在1°～2°之间。滩涂由淤泥质黏性土、淤泥质粉砂土组成，属海岛重要的养殖区。

1.2.2.4 人工地貌

人工地貌是人类从事生产活动的产物，是人们利用自然、改造自然的产物。在漫长的历史时期，尤其是近几十年来，人类对海岛的开发利用达到了空前的程度，因此在海岛上留下了丰富的人工地貌。

海岸人工地貌主要表现为沿岸港口码头工程、沿岸防护堤坝工程、海塘堤坝、沿岸公路等。

潮滩带人工地貌主要涉及围涂工程。长期以来人类围涂不止，造就了海岛大面积的陆地。

海域人工地貌涉及海域种殖养殖，一般分布在岛屿近海水域中，其规模相对较小，环境影响较小。

1.3 中国海岛分析

1.3.1 台湾岛

台湾岛面积 3.578 万平方千米，为中国第一大岛。岛上山地占 2/3，平原占 1/3。台湾岛地质构造上位处西太平洋岛弧带，渐新世至上新世时由地槽回返成为年轻的褶皱带，因而岛上新构造运动强烈，地震活动频繁。第四纪冰期低海面时，台湾岛曾与大陆相连。在地形上，台湾西部为平原台地，东部为山岭。主要山脉有台东海岸山脉、中央山脉、玉山山脉和阿里山山脉，最高峰玉山主峰海拔 3997 米。整个岛屿及山脉走向均为北北东。河流多循断裂发育。浊水溪形成台湾最大的西螺—台南冲积平原，淡水溪形成屏东平原。台湾东海岸为断层海岸，岸线顺直，崖壁陡峭。

1.3.2 海南岛

海南岛面积 3.438 万平方千米，为中国第二大岛。海南岛地势中央高四周低，水系呈放射状。台地平原占总面积的 65%，山地丘陵占 35%。主峰五指山海拔 1867 米。海南岛在更新世早中期才与雷州半岛分离。海南岛北部玄武岩分布广泛，并保留有完好的火山口。沿岸发育不少典型的沙坝和潟湖港湾，湾内生长红树林。

1.3.3 辽东半岛沿海

长山列岛位于辽东半岛东南沿海，共 50 多座岛屿，可分为 3 个岛群：北为石城列岛，包括石城岛和大、小王家岛等；西南为长山列岛，包括大、小长山岛、广鹿岛等；南为外长山列岛，包括海洋岛、獐子岛等。其中以大长山岛最大，海洋岛最高，海拔 388 米。构成长山列岛的基岩为震旦—寒武系地层。受棋盘格构造制约，岛屿排列有一定的规律。此外，在辽东湾内也散布一些小岛。

1.3.4 山东半岛沿海

庙岛群岛居渤海海峡，共有 30 多座岛屿，可分 3 个岛群：北岛群有南、北隍城岛和大、小钦岛；中岛群有砣矶岛、高山岛等；南岛群有南、北长山

岛和大、小黑山岛、庙岛等。其中以南长山岛为最大，面积为 20.4 平方千米。群岛主要由前震旦系变质岩构成，岛屿排列方向与构造线一致，呈北北东向。此外，山东半岛沿海还有刘公岛、田横岛及灵山岛等，并发育了一些陆连岛，如芝罘岛等。

1.3.5 浙闽沿海

舟山群岛为中国最大的群岛，由大、小共 1339 座岛屿组成。其中以舟山岛最大，面积为 472 平方千米，为中国第四大岛。其次有六横岛、朱家尖岛、普陀岛、岱山岛及泗礁岛等。群岛为浙闽隆起带向海延伸部分，主要由中生代火山岩构成。浙江沿海除舟山群岛外，尚有韭山、鱼山及南麂、北麂列岛等。福建沿海主要有台山、四礵、马祖及白犬等列岛。

1.3.6 华南沿海

万山群岛位于珠江口外，共有 150 多座岛屿，主要有香港岛、高栏岛和上、下川岛等及担杆、万山等列岛。这些岛屿主要由燕山期花岗岩组成。此外，华南沿海还有东海、硇洲、涠洲、斜阳等岛散布。

1.3.7 台湾附近海域

澎湖列岛位于台湾海峡南部，共 64 座岛屿，八罩水道分其为南、北两岛群。北岛群有澎湖、渔翁和白沙岛，组成澎湖港；南岛群有八罩岛、花屿和大屿等。澎湖列岛主要由玄武岩组成的火山岛，周围发育裙礁。钓鱼岛列岛位于台湾东北约 100 海里外，由钓鱼岛、黄尾屿、赤尾屿等组成。此外，还有绿岛、兰屿等。

1.3.8 崇明岛

崇明岛位于长江口，面积为 1083 平方千米，为中国第三大岛，也是中国最大的冲积岛。在公元 7 世纪前，长江口就出现了东沙和西沙，其后沙洲游移不定。崇明岛即是在 16 世纪长沙的基础上发展起来的。20 世纪 50 年代以来，人们加固堤防，稳定坍势，同时围海造田，使崇明岛面积扩大了 80%。崇明岛南面的长兴、横沙两沙岛原也是一群沙洲。100 年前这里尚是几片分散的河口沼泽地，19 世纪下半叶开始围垦，近二三十年来修筑堤坝、人工促淤，渐成现状。

1.3.9　百里洲

百里洲位于长江中游荆江段首段，全国第二大冲积岛。因环江堤防长 74 千米，合百余华里，故得名百里洲。1955 年成立百里洲区，后多次变更。1998 年撤乡建镇，版图面积 213 平方千米，现辖 41 个村（居）委会，常住人口近 10 万人。

1.3.10　珠江河口沙岛

珠江河口沙岛或由河口心滩发育而成，或受基岩岛屿阻拦，在其隐蔽处积沙而成。起初珠江口的汊道宽阔，沙洲散布，后经围垦和促淤，汊道束狭，逐步形成汊道纵横的珠江三角洲。现今沙岛仍在不断伸展，尤以万顷沙、灯笼沙淤涨最快。

1.3.11　台湾西岸沙岛

台湾西岸浊水溪和曾文溪三角洲外的几列沙岛是典型的由河口沙嘴发育而成的沙岛。沙岛断续分布，其内侧与陆地之间为湖。

1.4　舟山群岛

1.4.1　概述

舟山群岛是我国沿海最大的群岛，位于长江口以南、杭州湾以东的浙江省北部海域，古称海中洲。

舟山群岛岛礁众多，星罗棋布，共有大、小岛屿 1390 个，约相当于我国海岛总数的 20%，分隶浙江省舟山市、岱山县、嵊泗县；分布海域面积 22000 平方千米，陆域面积 1371 平方千米。其中 1 平方千米以上的岛屿 58 个，占该群岛总面积的 96.9%。整个岛群呈北东走向依次排列。南部大岛较多，海拔较高，排列密集，北部多为小岛，地势较低，分布较散；主要岛屿有舟山岛、岱山岛、朱家尖岛、六横岛、金塘岛等，其中舟山岛最大，面积为 502 平方千米，为我国第四大岛。

5000 多年前就有人类在舟山群岛繁衍生息。唐代开始建县，至今已有

1200 多年的历史。1950 年设舟山专区，1987 年 1 月设舟山市。舟山群岛素有千岛之乡的美称。舟山群岛是我国沿海航线中途的必经之地。现在的舟山群岛港口发展迅速，已成为上海、宁波水运中转的卫星港。

舟山群岛是浙东天台山脉向海延伸的余脉。在 1 万至 8000 年前，由于海平面上升将山体淹没才形成今天的岛群。群岛的最高峰在桃花岛的对峙山，海拔 544.4 米。整个群岛属于低山丘陵地貌类型。海平面的升降，长期的海浪冲蚀，群岛发育着海蚀阶地、洞穴。舟山岛上 10 米高的海蚀阶地到处可见，30 米高的阶地更为清晰。普陀山岛的潮音洞都属海蚀洞穴。潮流像一个大搬运工一样把大量泥沙搬运到群岛的隐蔽地带沉积，把几个岛屿连接起来，形成岛上的堆积平原。舟山岛、朱家尖、岱山岛都是由于海积平原的扩展形成的大岛。

在大地构造上，舟山群岛属于华夏大陆的一部分，地层与浙东陆地相同，大多由中生代火山岩构成，还有片麻岩、大理岩等古老的变质岩和新生代的玄武岩。第四纪以来，伴随着海平面的多次升降，又沉积了海相砂砾层和淤泥滩堆积。

舟山群岛风光秀丽，气候宜人。这里秀岩嶙峋，奇石林立，异礁遍布，拥有两个国家海上一级风景区。著名岛景有海天佛国普陀山、海上雁荡朱家尖、海上蓬莱岱山等。东海观音山峰峦叠翠，山上山下美景相连，人称东海第二佛教名山。岛上奇岩异洞处处，山峰终年云雾笼罩。枸杞山岛巨石耸立，摩崖石刻处处可见。黄龙岛上有两块奇石，如同两块元宝落在山崖。大洋山岛溪流穿洞而过，水声潺潺，美丽的景点数不胜数。

桃花岛是舟山群岛的主要景区，其主要景点有塔湾金沙、安期峰、大佛岩、悬鹁鸪岛、海岛植物园以及拍摄《鸦片战争》而仿建的旧定海城等。

蚂蚁岛为全国第一个人民公社诞生地。1958 年 7 月 26 日，经普陀县委批准，蚂蚁岛将原已实行政社合一的渔业合作社改称为蚂蚁岛人民公社，成为全国第一个人民公社。

1.4.2 特点

舟山作为我国唯一的群岛型设区市，区位、资源、工业等综合优势显著，是浙江海洋经济发展的先导区和长江三角洲地域海洋经济发展的重要增

加极，舟山群岛新区是国家一项做深做强海洋经济的战略决议，作为中国首个群岛新区，2011年3月14日正式写入全国"十二五"计划，定为国家层面的舟山海洋综合试验开发区。舟山是一座因海而兴的城市，具有优胜的海洋前提和光鲜的海岛特色。

（1）得海独厚，海洋资源丰盛。舟山区域总面积为2.22万平方千米，其中海疆面积为2.08万平方千米，共有大小岛屿1390个，是我国的第一大群岛。海洋资源是舟山新区最大上风，以海洋经济作为舟山市乃至国家层面的策略重点和主攻方向，缭绕鼎力建设和打造海洋经济强市、大陆文明名城、海上花园城市"三大目的"，充分应用舟山奇特的"海魂"优势，着力推动国家级乃至世界一流的海洋综合开发区建设。

（2）得港独优，区位优势明显。舟山新区深水岸线众多，港口资源丰富。全区海岸线总长2444千米，水深15米以上岸线279千米，港域面积1000平方千米，全市口岸开放面积1165平方千米。主航道可通行20万吨以上船舶，境内的虾峙门国际航线可全天候通行30万吨以上巨轮。舟山新区处在我国东部海岸线和长江出海口的组合部，扼我国南北海运和长江水运的"T"型交汇要冲，是江海联运和长江流域走向世界的主要海上门户。以舟山独特的"港魂"优势，加快推进临港产业、现代港口物流基地建设。

（3）得景独秀，海韵美景亮丽。舟山被誉为"千岛之城"，境内有1000余处集海岛景色、海洋文化和佛教文化于一体的海洋旅游资源，主要风景名胜点285个，有两个国家级景致名胜区（中国佛教名山"海天佛国"普陀山、"南方北戴河"嵊泗列岛），其中普陀山被评为全国首批5A级景区，有两个省级风景名胜区（岱山、桃花岛）以及全国独一的海岛历史文化名城定海，是中国优良的海岛游览城市。

（4）得鱼独鲜，渔业特色鲜亮。舟山是中国最大的海水产品生产、加工、销售基地，素有"东海鱼仓"和"祖国渔都"之美称，是世界"四大渔场"之一。海疆内有海洋生物1163种，按种别分有浮游植物91种、浮游动物103种、底栖动物480种、底栖动物131种、游泳动物358种，盛产鱼、虾、贝、藻类等海水产品500多种，全市渔业年产量在120万吨左右，是全国最大的渔场，先后荣获了"中国渔都""中国海鲜之都"的誉称。

（5）得文独靓，海洋文化深挚。舟山历史文化、佛教文化、山海文化、渔俗文化、国防文化底蕴深厚。舟山海洋文化资源特色鲜明，诸如海洋气

候、海洋科普、海洋经济、海洋旅游、海洋军事、海洋民俗、海洋博览、海洋物产、海洋能源、海洋地貌等；岱山县已建成开放的台风博物馆、渔业博物馆、盐业博物馆、灯塔博物馆、岛礁博物馆等和新城新建的市博物馆系列人文资源；舟山是中国十大节庆城市之一，占有多项国家级、省级和市级非物质文化遗产项目，如舟山锣鼓、渔民号子、民间木偶、跳蚤舞、渔民画、海风画，渔用绳结、沙雕节、渔民开洋谢洋节、贝雕、沙画、船模、舰模等，是可贵的海洋文化财产。

（6）得军独特，海防自成一家。舟山海防文化底蕴深厚，爱国强军的海防资源是舟山海岛特色的重要组成部分。历史上曾有张肯堂抗元、戚继光抗倭、张苍水抗清，葛云飞、王锡朋、郑国鸿"三总兵"抗英等保家卫国的光荣传统。舟山不仅驻军多，而且有着丰硕的国防海防教育资源，如义士陵园、83351 部队军史摆设馆、鸦片战斗遗迹留念公园、"洛阳营"、"节约创业修理连"、"驱六"支队军史馆、海军基地军史馆等一批省、市级爱国主义教育基地。"铁道游击队"就是驻军 83351 部队的前身，"国民豪杰连""许昌连"等好汉连队层出不穷。舟山海防地形庞杂，是东海舰队主力军队所在地。简直每个岛上都有国防工程设施，战壕坑道纵横，老庶民长期与众多部队生活在一起，拥军爱民的故事千岛处处都在，持续多年评为全国和省"双拥榜样城"。自 1989 年定海区盐仓核心小学在东海舰队某驱赶舰支队支撑下，创立全市第一所少年军警校，迄今全市共有 50 余所少年军警校，10万多名少年儿童在少年军警校经受了实践的磨炼，有 2 所学校被评为中国少年军警校总校全国百所示范校之一。

1.5　海岛开发的条件与意义

海岛在人类文明的发展史上，具有独特的地位，有过重要的贡献。利用海岛的自然优势，可以建立起各种优异的商港、渔港、军港、工业基地。风光秀丽、气候宜人的海岛更是人们向往的旅游胜地。

我国海岛资源丰富，其地貌形态类型多样，基本涵盖了世界海岛区域所涉及的全部地貌类型，是世界沿海岛屿地貌表征最为全面和集中的地区之一。其中，海岛地区花岗岩地貌、火山岩地貌、海蚀地貌、沙滩地貌、泥滩地貌以及古矿洞人工地貌等地质遗迹资源，可作为海岛地貌旅游开发的优先方向和主要资源基础。

　　海岛是开展全国海洋经济发展试点的重要领域，是优化海洋经济发展布局的重要载体，是打造现代海洋业体系的重要环节，是构建"三位一体"港航物流服务体系的重要支持，也是推进海洋生态文明建设的重要保障。加快海岛开发开放，以重要海岛为突破口，带动沿海和海岛地区的开发开放意义重大。深入贯彻落实科学发展观，围绕实施"八八战略"和"创业富民、创新强国"总战略，按照海洋经济发展示范区建设总体要求，以培育重要海岛主导功能为方向，以港口物流、临港工业、清洁能源、滨海旅游、现代渔业、海洋科教和海洋保护等为重点，以推进海岛开发开放为动力，以维护海洋生态平衡为前提，立足海岛自然资源条件，实施重要海岛分类开发与保护，建立健全符合实际、科学规范的海岛开发与管理制度，推动海岛资源合理利用与有效保护，促进海洋强国建设。

2 关于海岛生态环境的形成研究报告

2.1 海岛生态现状

2.1.1 沿海岛屿生物多样性

下面以西沙东岛、海南大洲岛、大连蛇岛为例，说明沿海岛屿生物多样性的一般特点。

（1）西沙东岛是西沙群岛 27 个岛礁的第二大岛（面积为 1.55 平方千米）和仅有的两个礁岛之一，海拔高 4～5 米，由上升礁和珊瑚贝壳砂复合而成。岛的中部有鸟粪堆积，厚 1.5～2 米，最厚 2.5 米。岛上有典型的热带珊瑚岛常绿雨林，树高 16 米，以麻疯桐、海岸桐和草海桐为优势种。林间栖息着大量的鲣鸟等。

本岛四周由阶梯式的礁平台构成（三个阶分别是 3～5 米、15～25 米、40～50 米）。在礁平台上的生物分带极为明显。不同坐向又有差别，栖息的物种多样性的差异也很大。如东北向礁平台发育好，500 米浅水台地分橙黄滨珊瑚带（大量藻类聚生），苍珊瑚带和碎珊瑚带（海藻贫乏）。西南方礁平台发育不好，海藻也较贫乏，150 米的浅水台地分珊瑚砾带和菊花—蜂巢珊瑚带。在这么小的岛及其邻近海域已记录高等植物 200 多种，底栖藻类400 多种，无脊椎动物 1800 种，鱼类 500 余种及 60 种鸟。

（2）海南大洲岛位于海南南岸万宁县海面，面积仅 7000 平方千米。岛的南边悬崖耸立，南罗洞是国内仅有的金丝燕筑巢地，出产名贵补品大洲燕窝。

热带地区印尼等有多种金丝燕，是名贵补品燕窝主产地。其中，爪哇金丝燕每年春天到南罗洞繁殖，表明这种热带候鸟最北的繁殖地就在海南南岸。

（3）蛇岛是世界奇岛，具有奇特的生态系统和丰富的蛇毒资源。位于旅

顺口，离大陆最近距离 7 海里，面积 0.73 平方千米。栖息单一蛇种干山蝮蛇蛇岛亚种目前仅这个小岛有记录，共有 1.4 万条，体长 73～102 厘米。以飞经岛上空的小型候鸟为食，形成仰首张口的觅食习性，其活动规律和候鸟的活动规律基本一致。蝮蛇是名贵药材，已建成蛇毒工厂、蛇岛医院和博物馆。蛇岛及附近每年有 283 种、200 余万只候鸟飞过，小型鸟是蝮蛇天然食料，大猛禽如雀鹰则捕食蝮蛇。岛上记录昆虫 122 种，植物 210 种，其中粉葛藤的旺盛生长对蝮蛇生长发育有影响。空中、陆上和海滨生物是食物链的各个环节。

（4）珊瑚及岛礁生态系统。中国海的造礁珊瑚有 200 多种（见表 2-1），占世界造礁珊瑚的 1/3。中国海珊瑚礁面积所占的比例很大。中国珊瑚礁分布的北界是海南岛和台湾岛沿岸（主要是岸礁）。东沙、西沙和南沙诸岛（礁和暗沙）基本上是由珊瑚礁形成的环礁。广东、广西、香港、台湾北部和福建南部也有造礁石珊瑚分布，但不成礁或礁的发育差。

表 2-1　中国已经记录的造礁石珊瑚种数

地点	南沙群岛	东沙群岛	西沙群岛	黄岩岛	台湾	海南	香港	广东、广西	福建
属	33	27	38	19	58	34	21	21	
种	44	70	127	46	230	110	50	45	>10

珊瑚礁结构独特，物种丰富多彩，可与陆上的热带雨林媲美。南沙珊瑚礁的造礁生物主要是珊瑚（南沙已记录 11 科、33 属、94 种）。南沙的珊瑚礁虽未见海藻脊存在，但是珊瑚（Corallinaofficinalis）、仙掌藻（Halimedoopuntia）和苔藓虫等成礁生物还是普遍在的。

珊瑚礁是立体生境，珊瑚本身、礁体表面和缝隙间、礁体内以及邻近水域都有大量生物栖息。在南沙珊瑚礁区已经记录了 3372 种生物。鲜艳美丽的色泽，大多具石灰质外壳是珊瑚礁生物最主要的表征。

2.1.2　海岛海域生物多样性

中国沿海海岛星罗棋布，总数超过 6500 个，大多数为基岩岛，部分为泥沙岛和珊瑚礁。除南海诸岛外，中国海域的岛屿紧靠大陆海岸，位于沿岸水团和外海水团互相影响较为强烈的海区，岛屿四周及附近海区营养盐丰

富，形成有利于水生生物栖息的生境，潮间带和潮下带的生物种类繁多，生物量较大。

根据全国海岛资源综合调查的结果，共记录浮游植物 633 种，物种多样性程度自中国北方海域向南方增加。西沙、南沙群岛海域最为丰富；但优势种及个体数量则相反，西沙和南沙群岛海域优势种不明显。北方海域优势种较明显，且个体数量较大。

浮游动物有 615 种。在北方海域出现的浮游动物多属于温带和暖温带近岸种，而南方则以暖水性和高温高盐外海种为主，一些河口附近岛屿周围海域的浮游动物则主要由低盐种、半咸水种和淡水种组成。

海岛的潮间带虽一般较窄、较陡峭，但潮间带生物和浅海底栖生物种类较丰富。在海岛调查中共发现潮间带生物 2377 种，底栖生物 1872 种，其中种类数目最多的是软体动物，约占 30%。

海岛周围海域中的游泳生物共记录有鱼类 1126 种，大型无脊椎动物 291 种。

2.2 海岛生态地理环境特点

海岛是海洋资源与环境的复合区域，海岛四周被水包围，构成一个完整的地理单元，形成了与大陆不同的自然地理环境，岛内的生物群落在长期的进化过程中形成了独特的动植物区系。海岛地理位置特殊，相对孤立地处于海洋之中，这种地理隔离在生物进化上往往具有一定的作用，岛屿和大陆分开，因长期分离形成了不同的条件，通过地理隔离和生态隔离，使种群分化发展，常常形成新的物种。如，在离南美洲大陆约 900 千米的加拉帕戈斯群岛，这是火山形成的岛屿，当初没有鸟类，最初的地雀无疑来自南美大陆，最初的这种鸟类是地栖的，以种子为食，后逐渐分化发展，形成岛上的 13 个种，外加科科岛上的一种无饰莺雀，总共 14 个种，它们在形态上彼此近似又有区别，特别是因食性不同，嘴形有较大差异，并各自分布在不同的岛上。和加拉帕戈斯群岛相似，许多大洋岛屿如夏威夷群岛、菲吉群岛等，在长期的隔离状态下，产生了很多的动植物特有种类，形成了极为特殊的动植物区系。可见，岛屿的地理隔离是物种分化发展的重要因素。

在大陆上被隔离开来的任何地方，可视为如同岛屿一样的生境，如平原农田区中间散布的树林，大片针叶林中的小块阔叶林，森林之间的沼泽地，

某些高山的山顶等，在这些生境岛屿内的生物群落往往和周围环境内的不一样，它们被其他栖息地所分离，但和海岛比较，动物的迁移容易获得成功，也频繁得多。

岛屿生境单纯，种类贫乏，种群之间数量上可能存在很大差异，通常大型捕食者比较少，而某些种类在岛上异乎寻常地发展。有时数量无节制地增长会破坏原来海岛的生态平衡，影响生态系统的结构和功能，由于难以得到调节和补偿，可能造成生态系统的崩溃。比如，澳大利亚原来没有野兔，1859 年人们从欧洲引进，在没有制约的条件下迅速发展，使原来的草原几乎变成不毛之地，澳大利亚的养羊业因此而蒙受巨大损失，几乎衰落了一百年，造成极大的生态灾难。

有时在引进种类的作用下，使海岛发生流行病而造成生物的大量绝灭，因此对海岛的开发利用或引种驯化都必须事先进行调查研究，维持其正常的生态平衡。我国不少荒岛目前多是岩石裸露或植被简单，生产力低下，正是海岛生态系统贫乏性和脆弱性的表现，在开发利用时我们一定要从实际出发，慎重行事。

当一个海岛新形成后，生物种类，特别是陆生动、植物不断从邻近大陆或其他海岛迁移而来，由于海岛环境容量有一定限制，一方面有生物迁入，另一方面原有种类中有的可能因不适应或竞争失败而消失。经过一个阶段的演化和发展，海岛生物群落就处于新的种类不断迁入和原有种类经常消失之间的动态平衡过程。当迁入种类和消失种类数量相等时，则海岛生物种数就达到了平衡。此后，新的种类可以不断迁入，替代原有种类而经常进行种类的周转，但种数仍保持不变。生物种类在周转过程中，由于海岛有大有小，和大陆距离有远近之别，因此，不同海岛的迁入和消失速率是不同的，并且各自达到平衡状态时的种数及时间也有差异。调查发现，近岛迁入率较高，远岛较低，远离大陆的海岛动物迁移进去的几率较低，而且往往生境更为简单，远岛达到平衡的时间也较长。距离相近的大岛，通常生境要复杂得多，环境的承载能力也较高，动物种数较多，小岛则相反。研究海岛生物种类周转及平衡，对海岛生物资源的开发利用具有一定的指导意义。

我国浙江温州地区的洞头岛和邻近大陆乐清县的雁荡山，调查发现，生物群落的种类和数量以及个体密度之间有一定的相关性，海岛生物群落的种类种数低于相邻大陆雁荡山，而少数种类往往拥有较多的个体数量，岛上常

见的现象是种类少而密度高和邻近的雁荡山的种类多而密度低形成对照。

洞头岛位于瓯江外海，面积为 24 平方千米，为洞头县的最大岛屿，距大陆最近的乐清县境约 30 千米。对洞头和雁荡山的鸟兽种数进行调查发现，洞头岛的物种数远比雁荡山少，一般不到大陆种数的一半。另据调查，舟山群岛共有毛皮兽 8 种，相邻大陆的宁波地区却有 24 种，是舟山群岛的 3 倍。

洞头岛鸟兽数量上的特点是麻雀居多，老鼠少，它们广泛分布于各种生境，如麻雀在岛上的农田、山边草地、林内均为优势种，由于缺少强力的竞争者，生态位扩展现象很明显，另外，岛上肉食动物极少，猛禽只有一种鸢，毛皮兽仅产水獭，蛇类也罕见，缺乏天敌的控制因素，出现了海岛上动物种类少而密度高的现象。

海岛生物种类的多样性和岛屿面积、距离等因素有密切的关系，调查发现，岛屿面积是一个确定种类数量的根本因素，面积是通过生境多样性发挥作用的，岛屿面积的扩大意味着生境的复杂化。有人对不同岛屿和邻近大陆的植物种数进行过回归分析，认为岛屿面积是植物种数最好的预测者，其结果和生态多样性、海拔高度等因素密切相关。

在海岛上，通常生境简单，生物群落贫乏，有许多种类，特别是大中型动物种群数量少，分布区狭窄，局限于较小的栖息地，在人为干扰下，它们无法承受生态灾难或者难以适应生境的剧变，数量不断下降，最终在岛上消失。据载，舟山岛上原来有梅花鹿和大灵猫，而至今这些兽类大多绝迹，主要原因是过度猎捕和生境的改变。

盲目地引种入岛，也可能打破原来的食物链关系，出现新的栖息地和食物的竞争，或者是新的动物之间的捕食关系。在一些很大的岛屿或许影响较小，反应较慢，而在一般海岛上将会较快地出现生态危机。大陆上种间竞争通常限制了某物种的栖息地，而在海岛上这种竞争限制可能是致命的，会导致物种的灭绝。在分类上相近种之间的竞争尤为激烈，它们之间地理分布区的重选可能性更小。引入肉食动物，同样可能出灾难性后果。

家鼠起源于亚欧大陆，但随着移民和航运事业的发展，被无意地引入了美洲大陆太平洋诸岛，而后导致 9 种鹬鸟的先后绝种，这几种鹬的飞行能力很弱，在地面营巢，家鼠的侵扰对其生存带来了致命的威胁。同时，原来栖居于太平洋岛上个体较小而性情温和的缅鼠也被排斥而绝灭。为了消灭家鼠，人们又把印度獴引进了南美和波多黎各岛，但人们未曾料到，獴的引入

反而带来了新的不良后果。獴要在白天捕食，而家鼠主要在夜间活动，两者很少相遇。虽然獴也能捕食一些家鼠，但引入后很快就转向捕食其他动物，包括两栖动物、爬行动物和地面营巢的鸟类，因此反而使岛上的动物的数量大为减少。

南美洲加拉帕戈斯群岛上的海龟正在遭受各种外来物种的巨大威胁，如家鼠贪食海龟的卵，像猪破坏海龟的巢穴并攻击侵扰海龟，而山羊则同海龟竞争食料。因此，以盛产海龟出名的加拉帕戈斯群岛正面临着海龟绝迹的危险。

第二次世界大战后，一支探险队登上南极的马恩岛，不料船上的老鼠也蹿上了岛，并且迅速发展。为了消灭老鼠，1948年运来5只家猫，后来家猫得到大量繁殖而达数千只之多，而且由家猫变野，专门捕食岛上的鸟类，平均每年要吃掉60万只鸟，使鸟类濒临灭绝。为了灭猫保鸟，采取了各种措施，包括使用细菌，均无济于事，最后只得荷枪实弹，对猫宣战。正如参加治猫运动的动物学家所说："目前这个严重的问题完全是由于人类自己犯了可怕的错误。"本来，马恩岛也和其他岛屿一样是平安宁静的，只是由于人们先后引入鼠和猫，才引起了一场轩然大波，为了平息这场灾难，恢复自然的平衡，人们又付出了很大的代价，而且是否能够达到理想的效果，尚难预料。像这一类人为造成的严重生态问题，也并非只发生在南极的马恩岛上。

我国的西沙群岛上，解放军战士种菜养鸡，当鸡从家养变野之后，引起了岛上老鼠吃鸡而数量大增，继而又引入了猫，后来猫不捉耗子而嗜食有益的鲣鸟，最后战士又养狗除猫，也没有达到目的，狗打群架，反而给小岛带来噪扰，使小岛不得安宁。本来，战士种菜养鸡是无可非议的，要是圈养可能不会引起什么大问题，当鸡变野之后，实际上已经改变了小岛上原来的食物链关系，引入之后反而使食物更加复杂化，又出现了猫捕食益鸟，这是人们想象不到的，原来的生态平衡被打破了。问题的关键是鼠害的控制，通过调查，采取综合性措施防治是能够得到解决的，而使我们担心的是可能会使被渔民称为"导航鸟"的珍贵动物鲣鸟遭灭绝。1982年4月，解放军总后勤部派出科技服务小组，在西沙七个岛上开展药物灭鼠工作，使老鼠明显减少，鼠患有所减轻。如何消灭鼠害，保护珍贵鸟类，维持海岛生态平衡，仍需进行研究。

2.3 中国海岛的开发利用

我国是一个海陆兼备的国家，岛屿面积约 8.6 万平方千米，管辖海域面积约 300 万平方千米。从分布上看，近岸海岛多，远海海岛少。南海诸岛虽远离大陆，但分布零散，从面积看，大岛少，小岛多，在 6500 多个海岛中，除少数岛屿面积在 200 平方千米以上外，绝大多数海岛面积不足 1 平方千米，岛上常住人口较少。

开发海岛和海域资源，对建设海洋经济强国意义重大。海岛及其周围海域，蕴藏着丰富的渔业、港湾和矿产资源，海岛是划分海洋国土的重要依据，开发利用海岛，有利于维护国家海洋权益，保证国家安全。近年来，国家加大对海岛的资金和科技投入，从解决交通、能源和淡水供应等着手，加快基础设施建设，推动了海岛社会和经济的发展。

台湾岛是我国面积最大的岛屿，岛上约有三分之二面积为山地，地形可分为台东山脉、台中丘陵和台西平原三部分。玉山海拔 3952 米，是台湾岛上的最高峰，也是我国东南部的最高峰。台南平原 5000 平方千米，是台湾岛上最大的平原，台湾属南亚热带和北亚热带湿润季风气候，终年暖热多雨，非常适合于水稻和甘蔗的生长。

岛上河流短急，水能资源丰富，山地森林茂密，树种繁多，香杉、扁柏、肖楠、樟树都比较有名，享有亚洲天然植物园的美名。台湾山脉金、铜等金属矿产丰富，西部煤和石油分布广泛，西海岸沙滩广布，自古就是我国重要的海盐产区，有祖国东南盐仓的美名，台湾岛北部火山区还有丰富的天然硫磺。丰富的农矿等产品使台湾有宝岛之称。

台湾地区经济本来以农业和农产品加工工业为主，出口蔗糖、稻米、樟脑等，进入 60 年代后，吸收外资，因岛制宜重点发展出口加工工业，形成了"进口—加工—出口"型的经济，对外贸易迅速增长，现出口商品中以工业制成品为主，已成为亚洲经济迅速发展的"四小龙"之一。

海南岛是我国的第二大海岛，面积 3.39 万平方千米，全岛海拔 500 米以上的山地占 26%，台地占 49%，平原占 10%，另有 2% 的沙地。五指山海拔 1867 米，为全岛最高峰。海南岛地处热带湿润季风气候区，除中部山区外，大部分地区基本上全年日平均气温都在 10℃ 以上，年降水量在 1500～2000 毫米，水稻是岛上主要的粮食作物，甘薯是重要的杂粮。盛产热带经济

作物。

海南岛上生物资源丰富，建有陵水猕猴、尖峰岭热带林等保护区。环岛可养殖滩涂面积 3865 万亩，沿海还有莺歌海盐场。矿产 50 多种，石碌铁矿为亚洲最大富铁矿场。三亚以南海域有储量达 1000 亿立方米的天然气田。南沙群岛海底油田有世界上第二个波斯湾之称。海南原有工业基础薄弱，以矿产和农产品加工为主，工业在工农业总产值中所占的比重，仅高于西藏。

由于受地势高低和距海远近的影响，海南岛的自然条件具有环带状分布的特点，开发海南岛的资源，需要在充分研究和认识各个环带资源和环境特征的基础上，因地制宜，有所侧重。

位于海陆交界的海岸带，经济基础和运输条件好，城市集中，是开发的重点，这里既是促进内陆资源开发的前沿，又是开发海洋资源的前进基地，大力建设港口，有利于就近建设工业加工区，方便原料输入和产品输出，同时可推动城市化和第三产业的发展，改善投资环境，带动全岛经济向外向型发展。

丘陵和台地环带是海南岛面积最大的环带，这里地形平坦，土壤肥沃，兴修水利，可建成蔗糖、粮食、牧业和城郊等不同类型的农业基地，最适宜发展热带农业，为沿海城镇和国内提供鲜活农产品。

山地丘陵带位于海南岛中偏南，是少数民族聚居的地区，这里生物物种丰富，河源发源地，是全岛的水源区，应恢复和保护热带森林植被，并利用热带山区的自然景观和少数民族风情发展旅游业，适当配置具有山区特色的加工工业，发展特色经济。

浙江沿海较大的岛屿，生境复杂，不仅有比较发达的农业生产，而且生物资源也较丰富。仅舟山地区野生兽类动物常见种就有 6 种，蛇 16 种。而在沿海占绝大多数的较小海岛，由于生境简单，一般坡陡土薄，因而不宜开垦种植粮食，应以改造为宜，广泛造林种草，改良环境，选育适生树种，以营造针阔混交林为主。只有植被良好，生物群落多样性增加，才能为放养珍贵动物或家畜提供良好的环境条件，也只有在海岛环境得到改善，植物茂盛，动物成群的前提下，才能使海岛生态系统的结构和功能更加完善，提高生物生产力，为海岛的开发利用、生产建设创造更有利的条件。

根据岛屿的生态特点，因岛制宜，实行多品种、多层次的综合开发利用，是海岛开发的基本方针。如针对一些生境简单的小岛屿，以绿化造林为

基础。因地制宜发展茶叶、果树、花卉和药材等生产，使林业和各种经济植物各得其所，相得益彰，既改造环境，又提高经济效益。

在搞好绿化的同时，在部分海岛缓坡、牧草和水源比较丰富的区域，可发展畜牧生产，但必须注意建立充足的饲料基地。发展海岛牧业，光靠野生牧草不能满足畜群生长发育的需要，冬季更为突出。因此，应该引种优良牧草，改变牧草结构，增加数量，提高质量，并进行划片放牧，要有适当的载畜量，促使林牧并茂，保持平衡，要因岛制宜，各种家畜综合发展。海岛养畜，应加强管理，为躲避风雨，在避风向阳坡可建造适当的畜舍，冬季进行补饲，使之安全过冬。成幼畜应区分放养，提高幼畜成活率，并及时防病治病，建立健康畜群，使之兴旺发达。对一些坡度较大开发利用较困难的海岛，可发展薪柴林，虽然海岛造林成材比较困难，可以选育抗风、抗盐速生树种，如木麻黄、黑松等，要合理采伐，防止水土流失，逐步建立良性循环，做到青山常在，永续利用。

海岛驯养野生动物是开发利用的一条有效途径，但要考虑其地理环境和气候特点。海岛纯系海洋性气候，冬多大风春多雾，气温较高，湿度大，因此并不是所有动物都能适应的，放养动物一般以食草类为宜，如能利用本地资源，则效益更好。如舟山群岛的国家保护动物獐，只需适当禁猎和保护，让其自然增殖，若干年后即可有计划地利用，既保存了珍贵动物资源，又能提高经济效益。

2.4 海岛环境建设及发展

生态文明每一步的发展和演变，都与生态环境的变化息息相关。环境兴则文明兴，环境劣则文明衰。碧海青山既是海岛赖以生存和发展的基础，也是其最为宝贵的资源和财富。推进生态文明建设，首要的是保护、优化和提升海岛生态环境。

2.4.1 推进环境整治，打造秀美人居环境

（1）实现垃圾无害化。过去南隍城生活垃圾一直采用填埋的处理方式，不仅占用大量土地，而且垃圾中有害成分对大气、土壤及水源也会造成严重污染。为了减少二次污染，提高生活垃圾减量化、资源化和无害化处理水平，投资135万元建成山东省首个垃圾热能处理站，垃圾减量率可达97%，

处理后残渣仅余 3% ~ 5% ，每立方米二噁英类气体排放浓度仅为 0.029 纳克，处理垃圾能耗费用仅 17.5 元/吨；配套成立专职保洁队伍，对全乡大环境卫生进行保洁，购进叉车、垃圾箱、垃圾车，实行每日垃圾统一清理。

（2）实现供水标准化。"滴水贵如油"是过去南隍城用水的真实写照。地处海岛，淡水资源紧张，以前吃水靠打井取水，由于海水倒灌，打上来的都是苦咸水，而且限时限量供应。为解决海岛居民的吃水问题，投入 260 余万元建设更新海水淡化设备，且水质达到国家规定饮用水标准；配套实施自来水管网改造工程，入户率达到 100%。现在，南隍城吃苦咸水的时代已经一去不复返，甘甜的淡水流进每家每户，并且 24 小时供应。

（3）实现住房别墅化。南隍城岛远离陆地，地域生活较差，"人生活在坞里，家安在窝里"是昔日渔家生活的写照。安居才能乐业，为让海岛居民像陆地人一样过有品质、高质量的生活，先后投资 1 亿 2 千余万元建设居民别墅楼 260 余栋，每户补贴 5 万元，目前 80% 的村民已经搬进了宽敞干净的别墅楼，告别了低矮潮湿的平房；配套实施清洁能源入户工程，给予每户居民每度电 0.2 元、每立方米水 9 元的补贴，鼓励居民使用清洁燃料，改变过去以柴草为主，乱伐草木，危害环境的生活方式。

2.4.2　搞好节能节水，提高能源利用效率

（1）推进别墅楼节能及外观改造。为了进一步提升海岛群众的居住品质，提供一个更为温暖舒适、干净整洁、节能环保的居住环境，投资 360 万元分片对居民别墅楼进行外墙节能保温改造、楼顶瓦片防漏处理、楼顶墙面统一粉刷。改造后楼内冬季室温将提高 3~5℃、夏季降低 2~3℃，平均节煤节电 10% 左右，既有效降低能耗、改善生活条件，又改变整个建筑外观、提升人居档次，并为下步实施新能源供暖打下基础。

（2）搞好雨水集蓄利用。南隍城乡地处海岛，岛上无河流、湖泊分布，地表水全靠降水补给，淡水资源相对缺少，因此要把雨水收集和利用作为缓解海岛淡水资源匮乏的重要途径。一是实施山上拦山蓄水，建设 2600 立方米水体的蓄水平塘，涵养地下水源；二是实施空中屋檐接水，楼群建设屋顶接雨骨干工程 210 处，蓄水容积达到 6500 多立方米，同时通过道路表面集水、家庭节约用水，提高雨水资源利用效率，缓解淡水资源紧张压力。

2.4.3 实施两个"大造林",提升生态建设水平

（1）陆上大造林。人育林，林涵水，水养人，海岛必须求生于林。针对地处渤海海峡，风多且大，土壤结构疏松，土层薄，蓄水性差等问题，探索试用"四大"造林法即"大坑、大苗、大容器、大水量"，造林成活率达90%以上，森林覆盖率达到76.8%，水土流失综合治理率达到98%，建成水土保持林面积18.8万平方米。

（2）海下大造林。向陆上环保要家园，向海下生态要乐土。依托岛礁棋布、生物丰富、海珍品纯正等优势，根据养殖品种不同习性，在潮间带和潮下带营造"海底森林"。先后投资7700余万元实施生态化海洋牧场示范、资源修复等工程，增殖海带藻类，底播海珍品苗种，修复、养护、提升渔业生态系统。据测算，养殖1吨大型藻类，可吸收200～300公斤碳、10～30公斤氮、2公斤左右磷，有效解决海洋富营养化问题。目前已年养藻1万吨，每年可吸收2000～3000吨碳、100～300吨氮、约20吨磷。

海岛作为地球陆地组成的一小部分，其生态特点、自然地理环境和陆地有着显著的差别，在开发利用海岛时，一定要依据海岛的生态环境特点和自然地理条件，因岛制宜，合理布局产业结构，趋利避害，择优发展，实现海岛生态、经济、社会环境的可持续发展，造福人类。

3 海岛历史变迁全过程

3.1 舟山群岛的历史变迁

舟山群岛历史悠久。据考古发现，早在5000多年前的新石器时代，舟山群岛上就有人居住。在舟山群岛西北部的马岙镇原始村落遗址上，原始村民们在海边堆积的99座土墩上创造了神秘灿烂的"海岛河姆渡文化"，被誉为"东海第一村"。

《史记》载，秦朝徐福在东南沿海蓬莱、方丈、瀛洲三岛上寻长生不老的仙药，其中的"蓬莱仙岛"即为舟山境内的岱山岛。据史学家们分析，徐福东渡日本时经过舟山诸岛。

春秋时，舟山属越，称"甬东"（甬江之东），又喻称"海中洲"。738年（唐开元二十六年）置县，以境内有翁山而命名为"翁山县"。至771年（大历六年），因袁晁率起义军占翁山而被撤废县治。1073年（北宋熙宁六年）再次设县，更名"昌国县"。"意其东控日本，北接登莱，南连瓯闽，西通吴会，实海中之巨障，足以昌壮国势焉。"

元初升县为州。1369年（明洪武二年），改州为县；明时因实行海禁，于洪武十九年（1386）废昌国县，洪武二十年将舟山岛城区和镇外鼓吹两里以外的居民和其他46山（岛）的居民徙迁内陆。至清初，先后两度迁民。1687年（清康熙二十六年）再次设县，更名"定海县"。康熙题"定海山"匾额。他以为"舟"是动的物体，不太平，不如以"定"为好，"海定则波宁"。于是将原来的定海县（今宁波市镇海、北仑两区）改名为镇海，定海一名专称舟山群岛上的县治，以祈"海波永定"。

1840年7月5日下午2时，对舟山蓄谋已久的英国大举入侵浙江舟山的定海，标志着鸦片战争的正式爆发。定海保卫战成为了鸦片战争的重要战役，舟山人民开始了英勇顽强的抗英斗争，定海三总兵临危不惧，视死如归，壮烈殉国。定海县于鸦片战争后道光时升为"定海直隶厅"；辛亥革命

后，恢复定海县建制。

1949年分设定海、翁州两县。1950年5月17日舟山群岛解放，成立定海县人民政府，属宁波专区管辖。1953年3月定海县辖区分为定海、普陀、岱山3县，从江苏省划入嵊泗县，成立舟山专区。1954年又将原属宁波专区的象山县划入。1958年象山县划归台州专区。1959年撤定海、普陀、岱山、嵊泗县，合并成立舟山县。1960年11月，嵊泗人民公社划归上海市。1962年5月撤销舟山县，重新设立舟山专区，下辖定海、普陀、岱山、大衢、嵊泗5县。1964年撤销大衢县，其辖区分别划归岱山、嵊泗2县。1967年3月起舟山专区改称舟山地区。1979年，考古工作者在舟山市定海区马岙镇这个滨海的山丘平原地带各墩地上，发现了面积达14万平方米的古文化遗址群。经初步发掘，有新石器时代遗址12处，文化层厚60~80厘米，出土了一批石器和陶器。有商周时期的文化遗址8处，出土了大量的印纹硬陶。考古工作者认为，这是舟山先辈最早的集居之地。定海马岙洋坦里，是一个较为完整的新石器时代原始制陶区，面积约1000平方米。在此出土的夹砂红陶碎片上多数留有稻谷痕迹，专家据此认为舟山群岛在5000年前就开始大量栽种水稻，是中国水稻东传日本的海上通道。1987年1月，经国务院批准，撤销舟山地区和定海、普陀2县，成立舟山市，辖2区（定海区、普陀区）2县（岱山县、嵊泗县），实行以市领导区、县新体制。2011年7月，国务院正式批复建立舟山新区（特区），地位等同于浦东新区。

得天独厚的渔港景资源，孕育了舟山特色鲜明的海洋文化，如底蕴深厚的海洋佛教文化、历史悠久的海洋文化、浓郁粗犷的海洋民俗文化、瑰丽奇秀的海洋景观文化、闯荡四海的海洋商贸文化、鱼水情深的千岛"双拥"文化等。舟山海洋文化有别于内陆农耕文化，其根在海洋，特色在海洋文化。从历史看，舟山海洋文化源远流长。早在新石器时代，就有人类在此樵山渔海生息繁衍。定海马岙镇发现的被称为"千岛第一村"的唐家墩遗址群，是舟山群岛发现的规模最大的原始村落，距今约有6000年历史。近年来舟山在发展海洋文化方面做了许多有益的尝试，如举办国际沙雕节、开发桃花岛武侠文化、发展休闲渔业、举办国际国内运动赛事等。舟山钟灵毓秀、人杰地灵，是原全国人大常委会委员长乔石、原香港特首董建华、原全国政协副主席安子介等一大批国内外著名人士的故乡。舟山还是我省著名侨乡，据统计有10多万舟山人侨居海外，分布在世界38个国家和地区，也是全国去台人员最多的地区之一。

3.2　舟山六横岛的历史变迁

六横岛的历史悠久，海洋文化源远流长，早在春秋战国时期已有人类居住，现保留有王安石庙，张苍水蒙难地遗址，太平军古战场摩崖石刻等历史遗迹。据《郑和航海图》等史料记载，著名航海家郑和七下西洋船队以六横双屿港为后勤补给基地。16 世纪的双屿港更是举世闻名的亚洲最繁华的自由贸易港。被历史学家誉为 16 世纪之上海，也是葡萄牙人在中国最早的居留地。

据资料显示，明代嘉靖年间，葡萄牙人和闽浙商人一起，在双屿港建起了全球性的贸易中心。双屿港一度成为连接东西方的举世无双的贸易金融港。近年，史学界渐渐达成共识，双屿港就在舟山群岛的六横一带。

六横岛在历史上能兴起，得益于其独特的地理位置和当时社会的贸易模式。六横岛正处于中国海岸线中段，南北集中地，是一个天然避风良港。其交通便利，面朝太平洋，与日本等非常近，背靠富足的江浙地区，因此选择在这里进行贸易似乎是一件顺理成章的事情。

最初的贸易有点像自由市场的性质，后来才慢慢形成规模，逐渐在此建立了全球性的贸易中心。宁波等浙闽一带的居民，更是将双屿港作为贸易获利的重要地方，曰："一叶之艇，送一瓜，运一罐，率得厚利……三尺童子，亦知双屿为衣食父母。"来自美洲、欧洲、日本的白银、胡椒、檀香、珍珠、皮货等源源不断运到这里，以换取中国丝绸、布匹、瓷器、药材和茶叶等。

然而，这样一个贸易金融大港却始终为明朝政府所不容。由于双屿港的走私贸易完全替代了以前官方的"勘合贸易"，与明朝的海禁政策相悖，随着贸易规模的日益扩大及抢劫越货事件的不断发生，嘉靖帝决定用武力剿灭。这座历时 23 年的海上国际自由贸易市场遂告消失。

3.3　专访——悬山岛马跳头村历史变迁

六横岛位于舟山南部海域，境域东濒东海，南至东西磨盘礁与象山县海域相连，西至汀子门水道与梅山岛隔港相邻，西北为崎头洋与北仑崎头角隔海相望，东北隔港为虾峙门国际航道。辖区内还包括六横、佛渡、悬山、对面山、凉潭 5 个住人岛，以及 30 个无人岛，80 个岛礁，是舟山市的第三大岛。

六横岛虽然是舟山的第三大岛，但在外地并不出名，因为它不像普陀以佛教为宣传点，不像朱家尖以海滩为吸引，六横的地理地貌并不适合大力发展旅游业。六横以工业著称，发展工业经济增长要远快于旅游业，但是对环境的破坏非常之大。近年来，六横政府也在跟进旅游业发展，防治污染。

在六横岛的不远处，另有一个岛屿，四面环水，名叫悬山岛。悬山岛又称元山岛，东与南沙岛相望，南有象山港主航道与宁海的白百山岛隔海相望，北有鸿峙港与凤凰山，西与桐照村相隔，是个并不出名的岛。

悬山岛是孤悬东海的一个原始渔村，是张苍水隐居之地。张苍水诗云："此中有佳趣，好作采薇吟"。这里据传系张苍水最后的栖身之地。张苍水，名煌言，号苍水，浙江鄞县人，抗清民族英雄。曾官至南明兵部尚书。为人刚正不阿，能文能武，立志报国济民。顺治二年（1659年）清兵大举入关，连破扬州、南京、嘉定、杭州等城，宁波城中风声鹤唳。张苍水与刑部员外钱肃乐、浙东志士董志宁等人组成数千人的队伍在宁波城隍庙集会，拥立鲁王朱以海北上监国。张苍水与钱肃乐率义军，转战宁绍浙东一带，抗击清兵。与郑成功军配合，驰骋在苏、浙、皖、闽一带，收复大批失地。后遭清军伏击惨败。不久重招旧部继续征战，1644年闽战一役遭受重伤，遂散兵隐居悬山岛，因叛徒出卖被俘，就义于杭州官巷口。在抗击清兵十九年战斗生涯中，张苍水出生入死，转战千里，战功显赫。他被俘后，不为官禄引诱，誓不招降，并写下了壮志凌云、慷慨激昂的爱国诗《入武村》和浩气长存的《放歌》以明志。

悬山岛上坐落着好几个村庄，其中就有百年古村——马跳头。

马跳头村，是悬山岛的一个普通的村庄，与很多古村有着相同的情况，这个村子也面临着历史无人继承的困境。

村子里有一辆由政府资助，配合着渡轮的时间，往来于村口和车站之间的大巴。通向马跳头村的路是修整过的，五分钟左右的车程，就能到达村口。马跳头村给人的第一印象就是宁静和古朴，错落有致的石头房随着地势慢慢升高，除了道路，其他地方都被茂密的植物所占领。

古村有三景：老井、老人、老树。井，几乎是每一个古老的村落都存在的，但是时至今日，马跳头的井仍然发挥着重要的作用。同样大小的井在村子里一共有四口，其中两口已经不再使用，只剩下另外两口作为全村的饮水

来源，通过管道输送到各家各户，可直接饮用。井水中矿物质十分丰富，加之这里良好的空气，慢节奏的生活，使得马跳头村的老人都十分长寿。至今为止，马跳头村有十几位九旬老人，八旬老人更多。即使年龄高，身体机能在退步，但老人们都还能生活自理。

马跳头村已经存在三百多年了，可以追溯到明末清初那战乱的年代。马跳头的村民大多是从宁波搬过来的，那时正值倭寇来犯，生活的贫穷使得马跳头村的祖先不得不背井离乡，最后选择在悬山岛居住下来。百年前的悬山岛，村民们靠山靠海，在这里能够生存下来，于是就有了马跳头村，并且从刚开始的四百人扩大成一千两百多人，占到悬山三分之一的人口。

马跳头村非常幸运，抗战时期日本军队扫荡悬山岛的时候，村子里的大多数人都外出捕鱼去了，留守在村子里的人特别少，因此日军给这里带来的影响也较少。

解放战争时期，村子跟外界的交流不多，但也有几个热血青年外出参军。印象深刻的有两位，王勇先和余阿宝。那段时间，国民党正在逮捕游击队，游击队的队员王勇先暴露了行迹，村民余阿宝帮助王勇先逃脱国民党的追捕，并把他悄悄送到了虾峙岛。

蒋介石从舟山逃到了台湾地区，很多壮年男子被征兵到了台湾，一去就是几十年。马跳头村也有几位男子被抓去了台湾，无法与亲人互通往来。

马跳头村有四大家族：李家、元家、葛家和陆家。它们在马跳头村的发展过程中发挥着重要的作用。一个再小的村庄，也分富人和穷人，马跳头的四大家族除了较为富裕之外，家族的人员较多且多有好的前途。除此之外，还有不少富有的小家族，因为家族子孙不多，没有排上号。

李家被当地称为"李大圣"，这不是村民对一个家族族长的称呼，而是对整个李家的称呼，足以说明李家的地位较高。李家的故居因为各种原因没有保存下来，多数房子因为年代久远已经坍塌，有些被重新翻修找不到原来的样子。

除去李家，排在第二的是元家，元家同样有一个称呼"元德圣"。排在第三、第四的是葛家和陆家。这些家族都是曾经兴盛，之后衰落。在马跳头保存完好的就是葛家的小四合院，破损的程度较小，如今已经被政府划为重点保护区。

1950 年开始，政府的一系列改革方案深入到了全国各地，马跳头村也不

例外。在马跳头村，有三个队：农业队、渔业队和妇女队。在这个靠海生存的村子，渔业的重要远远高于农业。1952 年，全国都在进行土地改革，马跳头村实行的是渔业改革。当时，马跳头村出了好几位有名的船老大，其中排在第一的是李家的李良文老大。直到 1957 年，实行包产到户政策后，船老大的名气才渐渐低下去。1958 年，马跳头村的妇女们开始跟着渔船一起出海打渔，这在悬山岛甚至六横都是少有的。

马跳头村十分重视渔业发展，村里人有一套自己的捕鱼季节表。春天是捕小黄鱼的季节，夏天则是捕捉大黄鱼的季节，冬天是收获带鱼的时期，而秋季则是一年中的休渔期。一年四季，十分明确。但那是在科学捕鱼之前。在使用科学捕鱼之后，一年四季的捕鱼表就全乱了。渔民们依靠科技，不管在多深的海下，都可以精确捕捉到鱼群的位置。

跟其他地方一样，马跳头村的渔船也经历了从人力到机械的过程。1957 年，马跳头村有了第一队的机帆船。机帆船，如其名就是既有机械动力又有帆的船。直到 1965 年，马跳头村的渔船全部换成现代常见的机械船。1989 年，政府承认渔队私人化。

六十年代，马跳头村拥有自己的小学初中，一家医院，几家信用社，还有1951年建立起来的粮仓。学校是设在庙里的，给小孩上课不收学费，只收取相应的书本费，直到后来学校搬出了悬山岛，不少有孩子的家庭也为此搬出了悬山岛。

马跳头村没有特殊的风俗，但是马跳头的跳马灯在 20 世纪 90 年代十分出名。跳马灯是一种汉族民俗娱乐活动，在春秋战国就有了。当时地方发生瘟疫，无良药可治，百姓为驱邪避灾、送走瘟神，便扎起纸人纸马，扮成各种神灵、嘴里念念有词，跳出各种障法，以祈福消灾，寄托了汉族劳动人民一种祛邪、避灾、祈福的美好愿望。

1985 年，马跳头村代表队在六横参加比赛获得第一名，这也是马跳头村最后一次参加跳马灯的比赛。老人们跳不动，年轻人没有继承，跳马灯的习俗渐渐消失。

村里所有的房子是不锁门的，因为村子里不会有小偷，也因为屋子里没有什么值钱的东西。这里不少破旧的石头房里已经没有人居住。

马跳头村边不远，避风塘外五六十米的地方，有一块望夫石。望夫石的传说，村子里的人都知道，但从什么时候流传开的，已经无从考证，只是这个美丽的传说伴着这块石头和这个村子一起历经风霜。

3.4 保护海岛以及古村的历史文化

海洋文化是舟山群岛的文化精神内核。自古以来，海洋是舟山群岛的立岛之本，耕海牧鱼、梯航泛舟是几千年来群岛特有的生产生活方式，"浩荡薰风里，杨帆东复西。"由此形成了群岛独有的海洋文化，作为地处海岛的舟山历史文化村落，其文化价值及特色与其他区域相比，具有明显的海洋文化特征。

3.4.1 群岛历史文化村落体现了海岛特殊的地理文化理念

舟山群岛陆域面积狭小，土地资源缺乏，自古就有惜土如金的观念，村落选址故大多集中于既靠近海边又三面隆起的山岙。如普陀区朱家尖箐箕湾村、东极镇东福山、嵊泗县花鸟灯塔村等村落。这些渔村房屋之间前后相接，左右相连，布局紧凑集中，这既有特殊的海岛地理环境因素，也体现了村民遇事相互帮助的习俗。另外，针对海洋性气候特征，传统民居建筑因地制宜，大量使用石材，历经几百年建筑依然完好。如省级历史文化名村定海区的里钓山村，墙体所用石材基本是取石板留下的一些碎石块垒筑。在传统民居装饰上，则呈现出诸多海洋文化元素，如小沙街道光华村等。部分传统民居屋脊两翼脊翼弯曲度大，做成飞鸟羽尾之态，民间称之为"燕尾"或"凤凰尾巴"，这种脊翼形式在江南地区传统民居中比较缺少。

3.4.2 群岛历史文化村落反映了海岛特殊的佛教文化背景

作为史称"震旦第一佛国"普陀山所在地的舟山群岛，历史文化村落传统民居自然也深受佛教文化的浸透，民居建筑中的佛教纹饰图案随处可见。如佛教"八宝"中的莲花、宝瓶、金鱼等经常作为传统民居的一种纹饰，传达出居住者一种美好的祝愿。传统民居的墙门、厅堂门扇和屋脊等醒目部位常用莲花纹饰，厅堂门、内窗以及门眉、廊檐等处常使用盘长吉祥结的装饰，传统民居还特别喜欢在其屋脊、宅门、门扇、窗户上装饰含有佛教意蕴的卷草纹样，定海区柳行村、岱山县石马岙村等历史村落传统民居都有浓厚的佛教文化意蕴的装饰纹样。

3.4.3 群岛历史文化村落体现了海岛特殊的民俗文化风情

舟山群岛历史文化村落有浓厚的带有海洋气息的民俗乡风，民间传统艺术绚丽多彩，形式独特。如定海区金山村、紫薇村，嵊泗县峙岙村等历史村落，民间艺术开展丰富多彩。目前，舟山市"舟山锣鼓""观音传说""舟山渔民号子"等入选国家级非物质文化遗产名录，"翁洲走书""木偶戏""跳蚤会""岑氏木船作坊""渔用绳索结编织技艺""祭海"等入选省级非物质文化遗产名录。这些民间传统艺术以及民俗乡风有着独特的艺术魅力与欣赏价值，充分展现了海岛人豪放诙谐、热爱生命的独特个性，是不可多得的文化资源，很有文化价值，对历史文化村落旅游发展，提升舟山群岛历史文化村落的知名度和竞争力，都有一定的意义。

3.4.4 群岛历史文化村落体现了海岛丰富的传统文化内涵

舟山群岛历史文化村落渗透着浓厚的中国传统文化底蕴。历史村落以人为本，人文思想极为明显，村落传统民居强调以家庭为本位，以伦理为中心。在海岛院落式传统民居中，高大而厚实的院墙把住宅与外界严密屏隔开来，院落结构是严格区分内外，尊卑有序，讲究对称，讲究血缘关系。如定海柳行村陈家老宅，院落以"天佑堂"为中心，庭院空间布局，遵循儒家人文思想，空间秩序感极强。悠久的耕读文化是另一种形式的传统文化的表现。这些村落以儒家伦理思想为核心，以亦耕亦读为生活方式，倡导人与自然和谐相处。

3.4.5 舟山群岛历史文化村落保护利用存在的问题

舟山群岛历史文化村落保护利用还存在如下一些问题。

（1）认识不到位，导致海岛历史村落保护利用规划滞后，历史建筑环境不断退化。历史文化村落是传统文化的物化载体，是区域发展的文脉。保护和利用好历史文化村落，对丰富海洋文化底蕴，促进美丽海岛建设和渔农村发展具有积极意义。

（2）保护与发展存在矛盾，致使海岛历史村落传统空间环境和风貌的完整性日渐消失。舟山群岛历史文化村落正面临保护与发展之间的冲突，由于没有妥善处理好保护与发展的关系，一些地方历史村落正处于边缘化。同

时，海岛历史文化村落还面临着现代生活方式与传统居住环境之间的冲突。随着村民生活水平的不断提高，新建房屋越来越多，拆旧建新的方式使历史文化村落遗产地传统空间环境和风貌的完整性受到一定破坏。

（3）文化挖掘不深，致使海岛历史村落、历史建筑缺乏个性魅力和文化品位。舟山群岛历史文化村落具有丰厚的海洋文化积淀。但是，目前对历史村落保护和利用研究比较薄弱，具有系统性、针对性、可行性的高质量研究成果十分缺乏，从而使人们对舟山群岛历史文化村落的文化价值、经济价值认识还不够到位。有些历史村落的保护利用缺乏个性创意，发展的模式"雷同化"明显，有的还处于"空白"状态，还有一些村落只在原有农（渔）业生产和乡（渔）村景观基础上稍加改动，缺乏创新设计和文化品位，产品粗糙，村落特色不明显。

3.4.6　舟山群岛历史文化村落保护利用途径及对策

历史文化村落是中华文化的根基，我们必须站在历史发展的高度去努力寻求历史文化村落保护与当地经济发展良性循环的路径，使得历史村落保护和经济社会发展相辅相成、相互促进。

（1）坚持强化意识，形成共识，不断增强海岛历史文化村落保护利用的责任心。历史文化村落的保护利用是一项综合性工程，这些村落的保护不仅仅是保护古建筑，而且要保护历史村落所承载的历史、文化内涵。

（2）坚持有序保护，改善民生，不断延伸海岛历史文化村落的生命力。在充分发掘和保护古村落历史文化遗迹遗存的基础上，优化美化村庄人居环境，把历史文化底蕴深厚的传统村落培育成传统文明和现代文明有机结合的特色村。

（3）坚持适度利用，效益带动，不断激发海岛历史文化村落的内生力。在坚持保护优先的前提下，运用经营村庄的理念，规范有序地发展古村休闲旅游业，把文化资源优势转化为经济发展优势。一是要在政策上激励。研究有关激励机制，盘活历史文化资源，有序推进古建筑、古民居的确权登记，赋予渔农民完整的房屋产权；探索实践古建筑、古民居适度流转机制，完善市场中介服务，实现古建筑、古民居的优化配置，促进有效保护，变渔农民的潜在资源为现实收益。二是要在技术上指导。根据保护利用规划，加强对村落原住民的培训指导，引导和鼓励渔农户利用自有的古民居，发展手工艺

业店铺、茶馆、私房菜馆、民宿等特色经营，不断拓宽渔农民就业门路，自觉保护好家门口致富的"聚宝盆"。三是要在内涵上拓展。依据独特资源优势和良好生态环境，发挥和挖掘文化资源优势，培育和发展古村休闲旅游、民间工艺作坊、乡土文化体验、农家农事和渔家渔事参与等历史文化休闲旅游产业，扶持和建设一批具有海岛特征、海洋文化特色、富有吸引力的乡村旅游景点和休闲观光农业项目，促进休闲渔农业发展与历史文化村落保护的良性互动。

（4）坚持深入挖掘，彰显特色，不断增添海岛历史文化村落的吸引力。把弘扬海洋本土文化作为彰显村庄特色的核心，通过深度发掘、传承保护，不断增强村落的吸引力和软实力。一是发掘海洋民俗文化资源价值。将海岛历史村落、古民居中特有的渔俗、船俗、民间传说、渔民绘画、摩崖石刻等海岛海洋文化资源充分发挥出来，并转化为美丽海岛建设、休闲旅游发展中的独特优势。通过保护利用，让历史"休闲"起来，让海岛"自在"起来。二是保护海洋自然生态资源。海岛的空气、阳光、沙滩、礁石以及岛上的植物、生物等都是不可复制的旅游资源，要将这些丰富的自然资源与海岛历史村落人文景观和谐配置，科学布局，合理利用。三是传承弘扬海洋文化。要充分调动渔农民传承和创造文化的积极性，引导渔农民正确认识传统文化的价值和作用，通过挖掘渔农村传统民间文化的精髓，培育一批文化名村、名人、名品，让历史文化村落更具内涵、更添活力、更有魅力。

（5）坚持媒体引导，舆论监管，不断凝聚海岛历史文化村落保护利用的向心力。历史文化村落保护利用纵向涉及各级政府和村落渔农户，横向涉及多个部门和社会各界，是一项复杂性的系统工程，必须加大宣传力度，努力营造全社会合力推进历史文化村落保护开发的良好氛围。要充分利用市内外主流媒体以及新媒体，多角度、大力度地宣传历史文化村落保护的重要性、必要性，普及传统文化知识，宣传文化保护政策，使全市上下特别是广大渔农民群众充分认识到保护历史文化村落的重要意义。

历史文化村落是中华文化的根基。海岛的历史变迁过程经过海岛历史文化村落的刻录，形成海岛人民的文化精神内核，成为海民们的宝贵财富。善加利用这些深厚资源是新世纪海民们追求的方向。

参 考 文 献

[1] 秦良杰. 舟山海岛历史文化资源类型与开发对策 [J]. 浙江海洋学院学报（人文科

学版），2010，27（4）.

［2］秦良杰.舟山群岛历史文化资源的现代开发［J］.温州大学学报（自然科学版），2011，32（2）.

［3］谢垂节.舟山海洋历史文化遗产丛书［M］.北京：中国文史出版社，2012.

4 海岛民俗起源及保护

4.1 典型海岛民俗

4.1.1 祭海的习俗

4.1.1.1 祭海起源

最早的祭海，是古时浙江岱山乃至中国沿海渔民崇拜和供奉海龙王及海上诸神的一种祭祀方式，是在没有现代科学的时代，人们对大自然的朴素想象。过去，因船小以风为动力，加之生产工具落后，世代以捕鱼为生的渔民对大海怀着天然的敬畏。海是人们想象出的传说中龙王的世界，"海况好坏，船只安危，渔民生死，全掌控在海龙王手中"。为了祈求平安与丰收，沿海的先人们出海前会祭龙王、丰收后会谢龙王，逐渐地，祭海成为渔家传统习俗中不可缺少的精神寄托。

《舟山市志》中有这样一段话来描述祭海："旧时，渔船每汛出海生产前，要在船上祭告神祇，向神明行跪叩礼后烧化疏牒，称为'行文书'。由老大捧一杯酒泼入大海中，并抛少许肉块入海，叫'酬游魂'，以祈祷渔船出海顺风顺水。这天，船上众人忌讲不吉利的话，不许吵架。"

如今，祭海不再是"祭祀海龙王"的活动，而是作为一种民俗文化被留传了下来，已被列为省级非物质文化遗产。

4.1.1.2 祭海方式

据调查，因各地作业方式不同，其古时祭海的方式也有差异，其祭拜的各路神仙也各不同。在舟山，古时祭海除了传统意义上的祭海龙王外，还包括祭船关老爷（也有称"船官老爷"）、天后娘娘（妈祖）、羊府大帝及各路海神等。这也反映出当地渔民丰富的想象力。

以舟山的岱山为例。岱山高亭一村渔民因世代从事流网作业，因此有了独特的祭海方式——"样桅"。据当地老渔民所说："此古老习俗是由两面大铜锣开道，随后由渔民背'样桅'（即顶尖留有竹叶、竹竿上部捆扎棕榈的小竹，意为桅杆林立），后面是五色旗及其他彩旗，抬着扎有红蓝绸布的木质杠箱，箱中装着全猪、全羊等'五牲'，各色荤、素菜，白盐、黄糖、水豆腐及糕饼、水果等祭品，共有八杠箱之多。沿途鞭炮齐鸣。祭海队伍抵达泊于码头边的船上后，身着'龙裤'的老渔民们把祭品放于八仙供桌上，猪、羊分供于左右专架上，供桌前铺有桌帏，太师椅背上挂着缎子被面，桌边挂好疏牒，点香插烛，随着海潮的上涨，先后上香，酒酹三遍，其间以船老大为首，其他渔民分列两旁，三跪九叩施礼。祭海结束后，将每种供品各采些许放入大酒杯，连同疏牒，一齐朝天抛入海中，此时，铜锣巨响，鞭炮大鸣，敬送龙王。"现在这些常常用作民俗节目表演。

4.1.1.3　祭海贡品

古时供品中的菜肴有五荤五素、六荤六素或十荤十素。舟山沿海方言中"五"与"鱼"同音，意为"年年有鱼"，而"六"则意为"六六大顺"，"十"意为"十全十美"，都寄托着渔民的美好心愿。

祭海用黄酒、猪头。流传的民间神话戏称海中捕鱼是与龙王赌博，黄酒颜色混沌，龙王爷喝了眼睛看不清而"推倒庄"，让渔民满载而归，因此祭海贡品中有黄酒。而供猪头相传是最早时候的东海龙王敖广因头上没有"尺木"（据说这叫"博山"，实则为"肉瘤"）而上不了天，渔民们就用形状似"博山"的猪头代替"尺木"供奉海龙王以保佑出海顺风顺水、网网丰收。

祭海这一民俗在沿海民间长久流传，在舟山群岛有诸多渔家，渔民的祭海风俗独树一帜，其内涵之丰富、形式之多样、礼式之讲究，无不表达着世代与海相伴的渔民们一种最原始的情怀，彰显出独特的海洋文化，是代代相传的一种艺术形式。

4.1.2　海岛人的诞生礼

海岛人生仪礼的习俗活动是海岛民俗事项中的重要组成部分，舟山海岛人之所以重视人生仪礼，决定因素不只是他本人，而是在他生命过程的不同

阶段上，海岛宗族等社会里海洋元素的外在影响体现。

以舟山群岛的渔民诞生礼民俗记载为例，诞生礼是海岛人一生的开端礼，亦是海岛人生仪礼链中的第一个环节。根据在舟山群岛的调查，古时海岛人的诞生礼，既有与大陆相似的礼仪程式，又有其独特的表现方式和内容。而这二者又相互交叉在一起。

我们先来说一说舟山海岛古时诞生礼的礼仪程式。海岛人诞生礼的礼仪程式大约有三个阶段：一是求子，二是孕期习俗，三是诞生庆典。前两者为诞生礼的前奏曲，其中诞生庆典更为隆重。

首先，关于求子。古时的海岛与大陆都有这样古老的习俗：海岛妇女若是久婚不孕，心理压力很大，会采取一些措施来祈求能够怀孕。不过与大陆不同的是，在古时的海岛，未孕者要求子，已孕者也要求子。比如出海捕鱼是体力工作，多要男性完成，已孕者虽然怀孕，但恐怕怀的不是男孩，还是要去求子。古时沿海人们求子的方式有两种：一种是祈神送子，就是去海岛的"送子娘娘"庙或"送子观音"庙祀神祈祷，求得神的恩赐，天降麟了；另一种是将想"得子"的心意寄托在一些具化的事物上。关于第二种求子方式，古时大陆上盛行"拴泥娃娃"和"送灯"（即"送丁"），但在海岛上并不多见。舟山海岛古时有正月十五闹龙灯，海岛上盛行"钻龙门""摸龙须"的求子习俗，寄托着海岛人"讨一个海龙王高兴，帮个忙麒麟送子"的美好期望。在古时的舟山嵊泗列岛的黄龙岛还有个习俗，即未孕妇女喜欢系婆仔鱼形的贴身肚兜。因"婆仔鱼"是怀孕的大肚子鱼，肚内多子，婆仔鱼形的贴身肚兜贴身在胸借以"模拟接触"，有着"移子怀孕"的想象。可以看出，海岛"寄物"求子的方式与大陆不同。

嵊泗东部海域有个小岛，岛上有个"送子娘娘"庙，古时的岛民呼之为"求子岛"。以"求子"而冠以岛名，也是一件海洋民俗奇闻趣事了。

其次，关于孕期习俗。妇女怀孕俗称"有喜"，因为添丁产子，古时是一种门庭之喜，夫妇两家均为喜事。在海岛旧俗中，海岛地区的丈夫和公婆会去宫庙里供祭龙王一番，求龙王佑护产妇平安，早生"龙子"，也是讨个喜头。

古时孕妇怀孕期间还有"送生母羹""催生"等风俗，这些风俗在江南一带均有，但海岛有它自己的特点。所谓"依耳朵"，舟山俗称"避鱼"，即指孕妇的妊娠反应，闻到鱼腥气就要呕吐。娘家得知后要送烟、肉、蛋、

面、鸡等食物至女婿家。舟山的俗礼，娘家送去的是黄糖和干面，俗称"挈糖面"，供孕妇产后滋补，俗称"送生母羹"。同时，在孕妇的临产前三个月，娘家会送去"催生担"，有衣、食两项。衣者指婴儿所需的衣饰、尿布等用品，均为黄色布帛制成，取"龙袍"之意思，也是讨喜头的一种表现。食者有红糖、鸡蛋、长面、桂圆等，其目的为了催孕妇早生贵子，俗称"催生"。"催生"中还有一些有趣的传说。一说催生者进门见孕妇站着，认为产期将近；如见坐着，则产期尚早。二说催生衣物要从窗口丢进去，丢到床上，若包袱朝里朝下为男，朝外朝上为女；也有的以丢黄鱼鲞预测的，若鲞朝上为女，鲞朝下为男。以上这些古时风俗具有颇多奇趣，说明了那时在海岛生活的人们极富想象力，寄托了当时人们的美好希望。

最后，古时海岛诞生礼的高潮在诞生庆典。为孕妇产子后，从婴儿的诞生之日起，要历经"临盆祝福报喜""开口奶（喝黄连汤）""洗床""满月""百岁""抓周"等程式，海岛孩子的诞生礼才算圆满地完成。

旧时习俗，孕妇产子时，廊檐暗角处都要贴"青龙纸"以避邪，若是临盆产下男孩，婴儿之父还要跑到海滩去向龙王报喜，并要去龙王宫用供品酬谢龙王，以示在龙王保护下，婴儿能顺利成长。接着，要为婴儿系红手绳。古时有一种说法是系过手绳的，长大后双手会规矩，不会乱摸乱动，干出偷盗之事。实际上是为了安全，因为婴儿幼小，有时系住手绳后活动受到限制，一定程度上可保双手不受损害。

据海岛老人们讲，古时还有这样的习俗，婴儿落地一昼夜后才可以吃奶，这第一口奶，俗称"开口奶"。"开口奶"有两种情况。一是产妇无奶，要请其他人为婴儿喂奶。但这喂奶之妇必须选岛上儿女双全、福大命大的妇女，一般以选高产渔老大的妻子觉得讨喜。二是这第一口奶并非是奶，而是黄连汤，喝了汤后再喝奶，所谓"先苦后甜"。有的小岛还把盐、醋、黄连、勾藤和糖分别让婴儿尝之，比喻人生的"咸酸苦辣甜"五味俱全。更有甚者，让婴儿先吃一口海水再喂奶，俗称"尝咸"。这是因为海岛的孩子长大后要一辈子与海水打交道，开口"尝咸"，将来就不怕被咸苦的海水淹死。

在舟山嵊泗黄龙岛有一古俗记载，为婴儿向邻家讨喂开口奶时必须在海面"平潮时"（当潮位达到最高或最低值时，有一段短暂时间，水位比较平稳，称为平潮或停潮）进行。

舟山群岛的诞生礼中，"洗床"是诞生礼的第一个高潮。据考证，"洗

床"的仪礼在《周礼》中有记载。在古代，"洗床"的内容有两项：一为负，即孩子出生满三日后家里人才可抱之，所谓"三日始负"；二为射，即射天地四方，指大丈夫上事天地，下御四方，此俗仅限于男孩。到了唐宋，"三日始负"改为"落脐炙囟"，古称"洗三"，又称"做三朝"。

"洗床"的仪礼，一般在产后第三日进行。先是众女眷向产妇赠礼庆贺。继而由洗生婆为婴儿洗浴换新衣，同时在床前设祭礼，用供品祭床公床婆，故而舟山人俗称"洗床"，或为"解床"，即"解床"后产妇可略微下地行走，有所解脱。中午要摆酒席，以请接生婆为主，还要请吃开口奶赐利市衣的，都是女客，俗称"洗床酒"，浙南的称之"三朝酒"。在舟山有个习惯，要送红蛋和龙须面给近邻和亲友吃。若产妇是头胎，岳母家还要送婴儿四季衣衫、鞋帽、首饰、小车、小床等生活用品和寿桃、糕、橘等吉祥水果，俗称"三朝礼"。"洗床"这一天，有探访，有赠礼，有祭神，有设宴，欢言悦语，笑声不断。

在我国的北方地区，婴儿洗浴时还要往浴盆里掷银钱和喜果，洗生婆要唱喜庆歌。此礼俗呼"添盆"，为舟山海岛所未见。但是，海岛人的"洗床"习俗也有许多喜庆的寓意，如请近邻吃喜面必须是龙须面，又称长寿面，谐"长命"的寓意；女眷送的礼品中有鸡即为"吉"，有蛋含意子，有糖意味甜，有桂圆、荔枝、核桃即为连中三元，若再添个莲子，可说是"连生贵子"，处处凸显吉庆气氛。

当然，在海岛的"洗床"仪礼中，"相谅盏"习俗颇具特色。所谓"相谅盏"，是产妇家用两个杯子覆盖、内盛糯米，米中有龙眼或红枣之类的放在蒸锅里蒸，蒸熟后分给邻居的孩子们吃。其用意：糯米有黏性，即为"义"气，"黏""义"谐音；枣，早日成长之意；龙眼，据说食之下海能壮胆，试想连"龙眼"都敢吃，还怕海龙王和海怪么？"相谅"两字即为婴儿长大，与邻居们相商相谅，和睦相处，不受欺侮。不过，在吃"相谅盏"之前，先要供祭在灶神爷前，并要祈祷。祷词云"灶王爷爷灶奶奶，送个龙子下凡来。四邻八舍齐扶助，福禄全盛通四海"以示吉利。

也许，"洗三"仪式是新生婴儿脱离母体后降生人世的象征性标志。不过，在诞生礼中，最热闹、最隆重的还是"满月"。从婴儿降生日至满月，在这一个月内，产妇俗称"坐月子"，其间有许多禁忌和礼仪。而礼仪方面，舟山岛屿的产妇分娩十天后，娘家要送索面、鸡、蛋、鱼以及糖酒等，俗称

"送月里";娘家女眷要来探望,俗称"望月"。产妇的饮食滋补主要是糖蛋酒,一日三次。早上是桂圆汤。主食是大米稀饭。点心是"糖面"。菜肴是抱盐黄鱼、清蒸黄鱼鲞汤以及抱盐的各类鲜鱼。还有的地区把墨鱼鲞作为产妇补品。产妇的饮食禁忌有:不吃新鲜蔬菜,不吃新鲜水果,切忌寒冷食物。行为禁忌有:一般不走出家门从事洗衣等繁重家务,尤其严禁吹海风。海岛人认为,产妇保养最重要,否则会落下一辈子的病根。

"满月"仪礼,按照钟敬文先生的说法,"满月"是新生儿进入人群的仪礼,也就是说从"满月"起,新生儿正式融入了社会人群,被社会所认可和接受。为此,其仪礼格外隆重。

根据古俗,"满月"的仪礼程式有五个。一是产妇的娘家人要来送礼贺喜。二是婴儿要剃头,俗称"满月头",或谓"去胎发""铰头"。三是婴儿要穿戴外婆送来的新衣、新帽,谓之"满月衣"。四是家中要祭神和设宴,宴请众宾客,俗呼"满月酒"。五是新生儿在家中祭神拜祖后,由舅父抱之"走街访友"见众亲戚,谓之"兜喜神圈"。上述仪礼的称呼海岛各地不一。

海岛"满月"仪礼的方式和程序,与江南内地无太多的差别。若说海岛有所特点的,根据海岛渔民的表述主要表现在以下三个方面:

首先是外婆送来的"满月衣"。按照惯例,海岛人送的满月衣,内中必须要有绣着金龙的红肚兜,还有虎头鞋、猫儿帽。海岛外婆还要送新生儿一个银项圈、一副银手镯和银脚镯,若是男孩,打扮起来活像一个"闹海的小哪吒"。在嵊泗列岛,还有把"海宝贝"等贝壳串成项圈手镯的,意谓与海有联系的海贝挂带在孩子身上能避邪。

其次是"与大海结缘"。这个仪式是满月那一天,大人要抱着婴儿去海边戏浪浴海,俗称"与海龙王攀亲"。其形式是把婴儿放在一个木盆里,任海浪拍打木盆,旁边有大人扶盆保护。此俗的含义,一是让孩子降生后就与大海相近相亲,长大后驾船驱浪习以为常;二是让海龙王看看孩子模样,熟悉后也算认了亲,等孩子长大后,若在海上与龙王相遇,要他多照应。在舟山个别小岛还有一个习俗,即把婴儿的"襁褓"放进一个瓶子里,俗呼"襁瓶",婴儿的父母就用"襁瓶"代婴儿下海,让它随波逐浪或沉入海底,与海龙王去"攀亲",其含义与上述相同。

再次,满月那天,大人们要抱着婴儿出门。第一站是到龙王宫祭拜龙

王，然后才挨家挨户去亲戚邻居家周游。亲朋好友事先已知婴儿要来"望亲"，早备好五色彩线或"龙凤锁"等礼品相赠，挂在孩子的脖子上。唱祝辞曲。其中有一首是这样唱的："新生婴儿额角圆，一帆风顺中状元。"唱后，在婴儿额上点红，俗呼"点睛"，即为大吉大利之兆。

此外，"满月"以后，舟山、玉环等地，在婴儿诞生一百天要设宴祝贺，俗称"做百岁"。一周年时还要举行隆重的仪式，俗呼"对周"，又称"抓周"。

如今随着时代的发展，这些习俗已逐渐淡出了人们的视线。

4.1.3　海岛人的婚丧习俗

普陀四面濒海，岛民开门见海，出岛坐船，终年以岛为家，与大海做伴，婚事新办丧嫁娶，生老病死，都离不开海，离不开岛，古往今来，形成了奇特悲壮的渔岛婚丧文化。

4.2　海岛民俗文化生存现状

随着物质生活的变更与市场经济的冲击，舟山市有许多群众喜闻乐见的民间艺术面临散佚、后继乏人的境地。据调查，舟山民间艺术种类不少，现已被发掘并向省级部门申报立项的舟山民间艺术有6项：舟山锣鼓、嵊泗渔民画、白泉跳蚤舞、定海侯家班木偶戏、滃洲走书、岱山渔歌。但这些民间艺术大都面临着青黄不接的严重局面。如源于清代定海马岙的舟山曲艺——"滃洲走书"，历经几代艺人的改革，并传入镇海发展为"蛟龙走书"。据艺人缪春玉反映，舟山市现能演唱"滃洲走书"的只有4人，而且都已上了年纪。尤其令人遗憾的是曾经响彻东海渔场，体现舟山渔民豪情壮志的渔歌号子等，不少已失传。

缤纷的民间民俗文化资源大多散存于民间，抢救、保护、开发工作需要一定的资金投入。尽管舟山市宣传、文化、城建、旅游、宗教等部门，都不同程度地参与了民间民俗文化的保护和开发工作，但由于缺少投入，使开发与保护工作难以有效地协调各方形成整体合力。

据了解，目前舟山市从事民间民俗文化挖掘和保护工作的，只局限于文化部门的少量工作人员，并且年轻人极少。人才的制约已经成为舟山市挖掘和保护、开发民间民俗文化的瓶颈。

4.3 挖掘和保护、开发舟山市民间民俗文化的对策

文化遗产和自然生态一样，一旦毁灭，无法再生。2008年8月开始，长三角已经打响了民间文化艺术保卫战。我们要抢救和保护舟山的民间民俗文化遗产，并在其原汁原味的基础上，掺入现代经营的理念，使传统文化"活"起来，使之融入舟山独特的城市个性之中，融入社会发展进程中，从而推进舟山海洋文化名城的建设。

（1）把民间民俗文化遗产的抢救、保护、开发工作作为重点工作。要设立专项保护、开发基金，建立专门机构，组织专人对舟山市的民俗和民间文化进行普查、收集、整理，并加以深化、推广。重点要对一些濒临灭绝的民间艺术、民间绝技、民俗文化等遗产，做到该登记录音的登记录音、该录像的录像、该传授的传授、该推广的推广，避免出现"人亡艺绝"的现象。要加强宣传力度，在全社会形成自觉保护民间文化、大力弘扬良风厚俗的意识，积极引导社会方方面面，共同做好保护工作。

（2）要把开发和保护民俗民间文化与提升舟山海洋文化名城结合起来。要提高定海、岱山有关展馆的档次和规模，建立舟山海洋民俗民间文化馆所，并使馆所成为民间民俗文化的展示中心、档案资料中心和信息学术交流中心。

（3）要把开发和保护民间民俗文化与促进舟山旅游业紧密结合起来。如可在朱家尖等旅游景点，结合舟山市仿古"绿眉毛"船，开展海上巡游、海上婚礼等活动。调动民间力量，建立海岛民俗文化村、"海边人家"等，组织传统民间艺术演出，为舟山市休闲旅游业锦上添花。

（4）要把保护和开发民间民俗文化与激活街道社区、渔农村基层文化工作结合起来。要充分发挥街道社区、乡镇文化站的作用，在舟山市开展"民间艺术之乡""特色艺术之乡"等各类命名和评比活动，挖掘出更多像定海白泉一样的艺术之乡，使更多区域性传统节庆活动得到恢复和发展。

（5）要将现代科技手段努力用于开展保护和宣传推广工作。在原有的基础上加以完善、创新和提高，使被保护的民间文化更为生动、形象，保存的时间更加久远，承传的人群更为广泛，如制作《舟山渔歌》MV、《南海普陀佛乐》等，唱出舟山海洋文化特色，唱响舟山在国内外的知名度。

（6）要把人才建设作为今后保护工作的一项战略任务来抓。民间民俗文

化艺术遗产往往被一些学有所长、爱好研究、颇有经验的专家艺人所把握，其中不少人几乎是某一专业方面的"活字典"。但这些人大都年老退休，散居各处。有关部门要采取措施，特事特办，发挥他们的余热，以加快保护工作的进度。同时，要加强民间艺术人才的培养工作，建议在舟山市有关高校中开设"民间文化艺术研修培训班"，有目的、有针对性地加强培养力度。还要在文化馆（站）或博物馆中单列一定编制，专门设置保护非物质文化遗产的专业岗位，建设一支专业与业务相结合的保护工作队伍。同时政府应将那些开发保护民间艺术突出贡献者，列为舟山市有突出贡献的专业人才，给予表彰奖励。

通过全社会的努力，通过一系列的工作，民间民俗文化之花一定会把舟山海洋历史文化名城装扮得更加绚丽多彩。

参 考 文 献

[1] 翁源昌. 从舟山占民居看海岛民俗文化的现世观 [J]. 温州大学学报（自然科学版），2011，32（2）.

[2] 钱张帆. 岱山岛民间信仰与渔民生活——兼论民间信仰的现代意义 [D]. 上海：华东师范大学，2007.

5 新区时代舟山文化产业发展的路径选择

5.1 舟山文化产业发展情况

截至 2012 年底，全市文化产业实现了飞跃式的发展。文化产品制造业逐步成长，不仅生产规模扩大，文化产品品质也得到提升。在深圳文博上，舟山海洋文化产品受到专业买家的青睐，刷新参展交易纪录，意向签单额总计逾千万元。而舟山文化服务业优势亦十分突出：新闻出版行业日臻规范，软件正版化工作取得实质性进展；电影票房突破 2000 万元大关，电影制作、电视制作时间也大幅增长；打造了一部部文化艺术精品，创作上推陈出新，改编了越剧版《海的女儿》，打造了精品项目《金玉观世音》。《新巡按斩父》更是作为文化部"2012 年全国优秀剧目"参演剧目和为党的"十八大"献礼剧目，进京演出；文化信息传输业蒸蒸日上，全市广播和电视人口综合覆盖率均超 98%；到 2012 年末，文化创意和设计服务业已发展至广告业、软件开发业、工程勘察设计业、专业化设计服务业等领域；文化休闲娱乐事业迅猛发展。全年实现旅游总收入 266.76 亿元，比 2011 年增长 13.3%；实现旅游外汇收入 15865 万美元，增长 12.2%。

5.2 新区时代下舟山文化产业发展的优势

（1）面临重要的战略机遇期——长三角一体化的历史契机。长三角现代时尚文化及其表演艺术和科技设施，有望给舟山传统海洋文化注入现代生活的活力元素，加快舟山海洋文化产业的市场化步伐。而在当今国家文化产业大发展背景下，舟山新区文化产业也将迎来战略机遇时期。

（2）新区优势十分突出。

1）区域地理优势显著。舟山群岛有良好的海域深海岸线，途经我国的 7 条主要国际海运航线有 6 条经过舟山，成为包括上海港、宁波港在内的上海国际航运中心的枢纽。

2）政府政策扶持力度大。2011 年 6 月，浙江舟山群岛新区获批，成为首个以海洋经济为主题的国家级新区。省政府下放了 400 余项行政审批事项，并着力于将舟山群岛新区建设成为我国大宗商品储运中转加工交易中心、东部地区重要的海上开放门户、重要的现代海洋产业基地、海洋海岛综合保护开发示范区和陆海统筹发展先行区。

（3）海洋文化元素丰富。

1）海洋历史文化底蕴十分深厚，拥有"东海第一村"的"海岛河姆渡文化"，千年古城定海作为海洋历史文化遗产，古迹众多，是全国唯一的海岛历史文化名城。

2）海洋特色文化资源得天独厚。舟山渔港景观、渔民习俗、渔村古居等充分显示了海洋文化的活力与魅力，舟山锣鼓、渔民号子、渔歌、跳蚤舞、木偶戏列入省级及国家级非遗项目，舟山渔民画、海风美术、群岛诗歌、海韵摄影、海派越剧、海洋民俗等在国内外享有信誉。举办的舟山中国海洋文化节、舟山国际沙雕节、南海普陀山观音文化节等海洋旅游节庆活动又尽显海洋文化特色。

3）观音文化源远流长。观音文化的地位，使"海天佛国"普陀山成为中国佛教文化的中心之一。避暑度假、疗养修养、文物考古、海岛考察、学术交流、体育保健、书画写生、影视摄制、民俗采风等活动，为文化产业蓬勃发展奠定了基础。

5.3　海洋文化产业发展存在的问题

舟山文化产业虽然已经取得良好的成绩，但由于起步晚、基础薄弱，产业发展状况仍存在一些不足之处。

（1）产业发展水平还不高，产品制造业薄弱，缺乏科技创新与人才。目前舟山文化产业尤其是海洋文化产业还处于起步阶段，文化企业规模小，达到上限标准的单位少，产出能力不强。文化产业在国民经济中的比重小，与省先进地市相比还有较大差距。与发达国家相比，舟山传统文化产业的比重过高，现代新兴文化产业发展较慢，文化产业制造业尤其落后，科技含量低，竞争能力弱。

（2）产业扶持力不够，没有形成完整的文化产业支持和配套政策。近年来，政府对文化的支持重点是公益性的文化事业，对经营性的文化产业投入

相对较小。从相关资料看，文化产品和服务内容受税收等条件限制过多，对文化企业扶持力度不够，影响文化企业的发展。

（3）文化资源开发不充分。舟山市很多值得开发的文化内容资源仍未得到有效利用。舟山市旅游景点较多，但具有海洋特色的旅游文化产品生产较少，如现有贝雕、沙雕、船模、渔民画等文化产品的生产，不但生产企业较少，而且生产规模更小，停留在较为原始或初级加工的基础上。舟山市宗教文化、饮食文化等资源虽有优势，但缺乏充分利用、挖掘、开发成文化产业，还不能发挥很好的效应。

5.4　进一步推进海洋文化产业发展的对策与建议

（1）推动舟山新区文化产业园区和示范基地的建设，形成大区域文化贸易竞争姿态。从舟山文化产业发展的实际出发，综合考虑经济基础、市场空间、消费水平、资源条件等因素，加强文化产业区域布局的统筹规划，推动鲁家峙岛文化产业创意园区等文化产业重点区块和基地建设，培育壮大骨干文化企业。并以这些大项目、大平台、大企业为依托，形成科学完善的海洋文化产业链，推进海洋文化产业项目开发建设，培养扶持一批旅游、节庆、会展、创意等文化产业。

（2）推动文化产业金融生态不断优化，实现文化和资本共舞。积极引进民间资本，拓宽社会资本投资渠道、缓解流动性充裕格局，推动国民经济结构调整，实现文化产业自身的发展壮大。在影视制作、互联网、文化创意、演艺娱乐、动漫等领域形成强势品牌；引导社会资金进入文化产业，投资文化项目和企业，重点推进文化创意、现代传媒、演艺娱乐、文化旅游、广告会展、影视动漫制作等重大项目建设。

（3）充分发挥"看不见的手"的宏观调控作用，营造良好的文化产业发展环境。利用舟山市政府出台的相关产业扶持政策，在新区背景下需研究制定更加灵活、更加开放、更加优惠的政策措施，通过政策指导、土地支持、税收减免、延伸产业链等政策优势，加大对发展海洋文化产业的宣传力度，营造有利于海洋文化产业发展的环境与氛围。

（4）积极拓展文化产品消费市场。不断挖掘新闻出版、音像制品、展览、影视、艺术品销售等产品市场，注重打造文化品牌，增强市场影响力。积极拓展旅游市场，实现旅游休闲与购物美食消费的有机结合。积极拓展大

众文化消费市场，开发特色文化消费，提供个性化的文化产品和服务，培育新的文化消费增长点，引导文化企业投资更多适合群众需求的文化消费项目。

参 考 文 献

［1］高书生．关于文化产业发展若干问题的思考［M］．北京：社会科学文献出版社，2011．

［2］欧阳坚．统筹规划，科学布局，进一步做好文化产业园区与基地的建设工作［M］．北京：社会科学文献出版社，2011．

［3］兰培．2010 年文化产业金融发展报告［M］．北京：社会科学文献出版社，2011．

［4］王文洪．舟山海洋文化产业发展的 SWOT 分析［J］．中国渔业经济，2011：110．

［5］陈海克．舟山文化产业现状与研究［M］．北京：中国文联出版社，2004．

［6］花建．全球化背景下的上海文化产业发展［M］．北京：社会科学文献出版社，2009．

［7］舟山市统计局 2012 年文化发展报告．

6 基于海洋文化特色视角的舟山群岛新区企业文化调研报告

企业文化,也叫组织文化,是由一个组织的价值观、信念、仪式、符号、处事方式等组成的特有的文化形象,是在一定的社会历史条件下,在企业生产经营和管理活动中所创造的具有该企业特色的精神财富和物质形态的总和。它包括文化观念、价值观念、企业精神、道德规范、经营哲学、行为准则、历史传统、企业形象、企业使命、企业制度、文化环境、企业产品、企业活动等。良好的企业文化有助于提高企业团队组织凝聚力,提高管理水平和效率;有助于提升企业人员的文化素养和业务素养,提升工作效率和产品、服务质量;有助于稳固和积淀独特、持久的企业理念与精神,促进企业可持续发展。特雷斯·迪尔和阿伦·肯尼迪认为,企业文化主要由价值观、英雄人物、习俗仪式、文化网络、企业环境五个要素组成,而其中企业环境则是"形成企业文化唯一的而且又是最大的影响因素"。具体地说,企业的口号、标志、职工培训、文件学习、年终晚会、效绩评比等,都属于不同形式的企业文化的内容。

6.1 企业文化与舟山群岛新区

之所以要对舟山群岛新区的企业文化进行调研和分析,是基于以下几点原因:第一,根据作者多年的观察和经验,由于整体的经济产业结构和地域文化发展的局限,舟山地区企业在企业文化建设方面存在着先天不足。第二,随着舟山群岛新区建设的不断推进,优秀的外来企业不断落户舟山。诚然,这些外来优秀企业自身有着较为完善的企业文化,但是,如何在舟山立足,获得长足发展,其企业文化也势必适应当地的整体文化背景,融入和体现海洋文化特色。这是外来企业必须思考并着手进行的。第三,国内外的企业发展历史证明,企业文化是企业的灵魂,是推动企业发展的不竭动力,企业的良性、长足发展离不开良好的企业文化。而本来企业文化就存在先天不

足的舟山本地企业在优秀外来企业的冲击下，在这方面更加显得捉襟见肘，成为明显的发展瓶颈。舟山已经进入发展新区的时代，这对舟山的企业而言，既是发展的机遇，也是一个巨大的挑战。舟山的企业在这一契机面前，不仅要重视加强企业的发展壮大，追求企业结构和经济效益，也不能忽视企业文化这个软实力，使企业变得内外兼强大。

为了更好地了解舟山的企业文化现状和建设情况，作者通过一系列的积累资料以及调查和访问，走访了舟山的十余家企业公司，其中既有国营企业，也有民营企业；既有浙江的本土企业，也有外资企业；既有大型企业，也有小型企业。经过深入的走访，细致的归纳分析，对舟山群岛新区企业的企业文化建设做了大致的轮廓描述。其中既有已有的优秀成果，同时，也存在着问题。这些问题也成为未来舟山群岛新区企业文化建设的重要发现和领域。

6.2　舟山群岛新区企业文化建设整体现状与问题分析

作者对国家电网浙江舟山市电力公司、浙江船舶交易市场有限公司、浙江弘生百家商贸连锁有限公司、舟山市自来水有限公司、扬帆集团股份有限公司、舟山乐购超市等十余家企业进行了走访调研。通过归纳、比较和分析发现，舟山群岛新区的企业文化建设尽管存在种种问题，但是，日益受到重视。对于舟山的企业来说，这既是困难与挑战，也是希望与未来。

6.2.1　企业文化地位日益彰显，但建设程度参差不齐

随着时代和社会的发展，尤其是在连岛跨海大桥通车和舟山群岛新区批复成立之后，舟山成为一个更加开放的滨海城市。再加上随着外来企业不断落户舟山，带来了良好的企业文化意识，舟山的本土企业日益重视企业文化的建设。例如浙江船舶交易市场有限公司、浙江弘生百家商贸连锁有限公司、舟山市自来水有限公司等本土企业都在企业文化建设方面加大了投入。在本次调研的十余家企业当中，70%左右的企业在企业文化建设方面都有较大的投入和不俗的成果。以浙江船舶交易市场有限公司为例，这是一家成立于1998年6月，是由舟山港股份有限公司独资组建的国有航运服务企业。2000年以来，该公司在企业文化建设上加大了投入，到目前为止，从CIS企业形象识别系统到制度文化、团队文化和精神文化，已经形成了较为系统的企业文化体系，并取得了一定的成效。其企业文化建设成就在舟山地区乃至

全国同行业企业当中，都具有一定的地位和特色。

为了与时俱进，打造舟山企业文化的领军人物形象，2012年，该公司还专门聘请高校专家为其在原有的基础上进行企业文化的改革与创新，计划分年度层层推进，争取在未来五到十年时间内，使公司企业文化建设上一个新的台阶。但是，在采访过程中，我们也发现，仍旧有不少企业对于企业文化建设的意识比较薄弱，一味追求经济效益，或者只注重企业物质文化建设，而忽略了企业文化建设中非常重要的精神文化的提升。

6.2.2 企业文化建设逐步推进，但概念和意识狭隘化

如前所述，随着舟山地区大部分企业的企业文化建设意识的提高，企业个体的企业文化建设逐步营造了整体的企业文化建设环境和氛围，很多企业都在寻求以不同的方式和内容在推进、完善企业文化，企业文化建设开展轰轰烈烈。舟山市总工会也把加强企业先进文化建设作为提高职工队伍整体素质的重要抓手，动员基层工会带领职工唱响企业精神的主旋律，有针对性地开展文明建设活动，营造良好的企业发展环境。例如，在2008年的迎奥运活动中，舟山市总工会成功举办了全市首届职工运动会和首届职工文化艺术节，近千名职工积极报名参加，通过比赛，涌现了一批人才，同时也增强了企业工会组织的凝聚力和吸引力。然而，不少企业对于企业文化的概念仍旧存在着误区，最明显的就是将其狭隘化。例如，不少企业将企业文化简单地理解为开展文娱活动，把企业文化看成是唱歌、跳舞、打球。于是纷纷建立舞厅，成立音乐队、球队，并规定每月活动的次数，作为企业文化建设的硬性指标来完成。客观来说，这些对企业来说是必要的，它能增进友谊、沟通感情，但这些可能是部分文体爱好者的事情，不能靠此去挖掘人才、发现人才和留住人才，因为企业毕竟不是专业文体团体，这是对企业文化的浅化。对企业文化的误区还有重要的一点，就是片面强调政治和道德教化。在走访过程中，浙江弘生百家商贸连锁有限公司在企业文化建设上偏重于企业文化培训，然而，公司因近几年才起步，正处于员工企业文化学习空缺的状态，作者调查得知，弘生百家虽有职工培训，却未在培训过程中贯穿本企业文化知识的灌输，容易导致员工在观念认识上与企业文化脱轨。此外，公司虽有年终绩评这一举措，但令人遗憾的是，这却成为弘生百家唯一的文化项目活动，如此单一的文化活动恐怕不能更好地让员工找到归属感。

6.2.3 企业文化体系建章立制，但流于形式化和表象化

在企业文化体系建章立制方面，国家电网浙江舟山市电力公司、浙江船舶交易市场有限公司和舟山市自来水有限公司等企业都是很典型的代表。国家电网浙江舟山市电力公司是依照国家电网的整体部署和要求，在企业文化建设方面统一步调，体系完善。浙江船舶交易市场有限公司则如前所述，从CIS企业形象识别系统到制度文化、团队文化和精神文化，已经形成了较为系统的企业文化体系。对舟山自来水公司的调查得知，公司自2012年成立了编辑部，主职公司企业文化建设并且设有专门的企业文化建设的经费，隶属于企业党建、创建工作的公司宣传费，企业文化建设已纳入行业规范与考核体系。但是，在走访调研过程中，我们也发现，有的企业走进大门就会发现从走廊、办公室，到各车间的墙上有四处可见措词铿锵的标语口号，如"团结""求实""拼搏""奉献"等。这本无可非议，但它是否能真实地反映本企业的价值取向、经营哲学、行为方式、管理风格；能否在全体员工中产生共鸣；能否真正地起到强烈的凝聚力和向心力的作用；是否有本企业的特色，恐怕连企业的决策者都说不清楚。由此带来的情况必然有企业文化的趋于单一和脸谱化，单调无趣，从而影响员工参与文化建设的积极性。

6.2.4 企业文化局面逐步规范，但缺乏特色和闪亮点

依旧以浙江船舶交易市场有限公司为例，2012年，该公司专门聘请高校专家为其在原有的基础上进行企业文化的改革与创新，进一步规范和完善了企业文化的体系建设，从精神文化、制度文化、团队文化、学习文化和物质文化等方面，进行了更为细致全面的设计和改革。而国家电网浙江舟山市电力公司则相对来说，对于企业文化的要求更加的规范和谨慎。但是，纵观所调研走访的企业，我们还发现，除了国家电网浙江舟山市电力公司的海洋输电工程相对来说，更加着重于地域特色的创新之外，其他大部分企业的企业文化都存在着大同小异的情况，无论是形式还是内容上，都缺乏鲜明的地域特色、行业特色和企业自身特色。固然，能够做到规范和完善，已经是在企业文化建设上的长足进步，但是，在如今创新性社会里，特色与创新乃是企业提升竞争力的重要资本。作者倒是觉得，无论是本土企业还是外来企业，

既然是在舟山沿海地区，倒不妨可以更多考虑在企业文化建设上融入和体现海洋文化特色。

总之，到目前为止，舟山群岛新区企业的企业文化建设虽然取得了一定的成就，形成了一定的共识，也营造出相应的氛围，但是问题也是显而易见的，尤其是和内陆地区的企业相比较，加强企业文化建设显得尤为紧迫。

6.3　舟山群岛新区企业文化建设发展建议及措施

"企业要想在激烈的市场竞争中取胜，把企业做大做强，实现跨越式发展，就必须树立'用文化管企业''以文化兴企业'的理念，对原有文化进行整合和创新，营造培育先进的企业文化。"在群岛新区的建设大潮之下，舟山的企业尤其更需要完善各种企业文化制度，在各种文化活动中做大做强，创设良好的企业文化环境，让企业文化生根发芽，并形成自己的特色，让员工有所获、有所归，最终提升企业的核心竞争力。

6.3.1　避开"形式主义"道路，提升企业文化凝聚力

企业文化建设是一个系统工程，从企业家、管理者到全体员工都应积极参与，如果只是管理者单打独斗，企业文化就只能沦为"两张皮"，变成虚假的企业文化。"形式主义"危害大，甚至会导致企业和人员之间脱节。

具体来讲，一方面管理者应将制定的一系列企业规章制度落到实处，在初期招聘人才、进行管理培训时便应让员工熟知本企业管理理念。这些规章制度绝不是悬挂在橱窗上供人"阅读"的读物，所以管理者在日常管理中还要注重规则实施的力度，加强企业相关部门的监督，使企业上下所有人都能将理念进行到实践上；另一方面，管理者应力求为员工构建一个"家"的概念，使员工有"根"可寻，有"家"可依。当企业构建出一个"家"的概念，使不同"身份"的员工都依附于同一个"家庭成员"的"身份"中，这就意味着员工群体具有了共同的归属感和认同感，使之成为一个和谐的整体，使员工面对的不再是冰冷的机器和孤立的流水线，而是"家庭"的文化。员工有了归属感之后，其凝聚力自然而然就萌出新芽。如何构建这样的"家"呢？企业可以定时开展一些固定的文化活动项目，如年终晚会、部门间联谊等集体活动。

6.3.2 积极改革，打造企业品牌文化，提升核心竞争力

改革是促进企业发展的法宝，创新是提升企业核心竞争力的灵魂。浙江宝晟建设有限公司总经理陈国成说过："企业要想在激烈的市场竞争中取胜，把企业做大做强，实现跨越式发展，就必须树立'用文化管企业''以文化兴企业'的理念，对原有文化进行整合和创新，营造培育先进的企业文化。"

2013 年，国务院正式批复了《浙江舟山群岛新区发展规划》，这是我国颁发的第一个以海洋经济为主题的国家战略规划，在这一规划中，舟山群岛新区被赋予正省级经济社会管理权限。

结合这一发展契机，舟山企业可大力构建以海洋新兴产业为主的可持续发展产业体系，加快转变企业经济增长方式，促进产业结构调整。积极发掘富有海洋特色的资源，扬长避短，努力克制制约因素和薄弱环节，在科技、资金、人才等方面作出符合实际的战略和策略选择，进一步加大工作力度。在此基础上，舟山企业应不忘引进新兴海洋文化观念，与国家大力发展海洋文化的战略思想接轨。众所周知，企业发展必须遵循两个效益，一是经济效益，二是社会效益。企业发展对企业自身的发展与建设，起到不可磨灭的作用，自上而下形成企业核心价值观，能够促进企业在发展中，用户对公司的认识，通过人性化服务，文化建设等提升了公司的服务水平，进而促进经济效益，这是相辅相成的。因此，在新区建设大环境下，舟山企业可充分发挥海洋的自由、广阔发展的氛围特点，将这一理念渗透到管理中，按照"质量为本、创新创优、满意顾客、清洁生产、节能降耗、保障健康、持续改进"等管理方针，建立和实施质量、环境和职业健康安全管理体系，以满足顾客和相关方要求以及使用的法律法规和其他要求，并通过有效运行和持续改进其有效性，不断增强客户和相关方的满意。中国扬帆公司的发展便是成功的例子。

6.3.3 以人为本，加大企业文化宣传力度

作者走访舟山相关企业后发现，一些企业在经济建设上不乏资金投入，但发展前景依然不景气。究其原因，企业在宣传上出现了问题。要改善这一状况，得从对内对外两方面入手。

对内，如前面所说，避开"形式主义"管理方式，企业文化的宣传不再

是管理者单方面的事，企业应加大对员工的文化渗透，如定期召集员工开会学习企业文件，发放企业内部刊物杂志等，企业能够保障每个员工了解本企业文化知识。此外，企业加强对员工的精神口号宣传也非常重要。形成富有本企业特色的"精神"，并随着时代的发展，不断与之增添新的富有生命力的内容。对外，大力借助现代文明的成果，通过微博等新兴媒体手段向大众传播本企业文化；注重细节发展，企业可在门窗、超市推车等大众常接触的地方植入本企业宣传广告，进一步加大宣传力度。

6.3.4　发展和创新具有海洋文化特色的企业文化

作为人类文化的一个重要的构成部分和体系，海洋文化就是人类认识、把握、开发、利用海洋，调整人与海洋的关系，在开发利用海洋的社会实践过程中形成的精神成果和物质成果的总和，具体表现为人类对海洋的认识、观念、思想、意识、心态，以及由此而生成的生活方式，包括经济结构、法规制度、衣食住行习俗和语言文学艺术等形态。海洋文化总体上包括物质文化和精神文化两个方面，而在涉及具体的文化构成时，又大致可以分为海洋物质文化、海洋行为文化、海洋意识文化和海洋制度文化等四个层面。

海洋文化的生成背景和空间是海洋，这就构成了海洋文化大气、机智、强悍、浪漫、热情、生机勃勃、充满想象力与创造性的基本特征，也养成了海边人民旷达、灵活、豪爽、容易接受新事物与新观念的心理素质，使得海洋文化成为一种具有商业性、创造性、包容性、凝聚性、开拓性、灵动性的文化。因此，如果在企业文化建设中融入和体现海洋文化元素和特点，必将使舟山群岛新区的企业提升竞争力。

（1）高度重视企业 CIS 设计，在广大员工中征集企业形象识别系统设计，增强员工的积极性和参与度，集众人之智慧择优选择合成，一旦设计完成，在公司内部加大 CIS 宣传解释力度，达到宣传公司标志性理念之功效，以形成强烈的企业文化精神。舟山群岛新区的企业无论是涉海企业还是普通企业，都可以在企业 CIS 设计中体现海洋文化元素，使人能明显地感觉到地域特色或者行业特色。

（2）在进行企业员工培训和进修方面，除了培训员工的海洋能力之外，更要注重海洋意识和海洋精神的培养。所谓海洋精神，是海洋事业成败的重要因素，是海洋群体的内在品质和积极的价值取向，是海洋群体对崇高信仰

和信念的不懈追求，是海洋事业发展的内在动力和动力源泉。海洋精神体现一个群体未来实现自己崇高理想和奋斗目标所表现出的势不可挡的气势与意志爆发力。它包括，舍家离乡的忘我情操，吃苦耐劳的禀性品德，俭朴谦恭的品行操守，海纳百川的广阔胸襟，以苦为乐的奉献情怀；放眼四海的广博胸怀，勇立潮头的冒险精神，战风斗浪的拼搏精神，放手一搏的神勇气概，永不放弃的顽强意志，浪漫闲适的乐观精神，易于接受新事物的创新精神等。这种海洋精神不仅对于投身于海洋事业的专业人才是必备的，而且对于普通人来说也是一种积极的精神品质，有助于培养专业能力突出、人格健全、抱负远大的人才。海洋精神教育是通过对员工海洋精神的熏陶教育，来形成员工的品德、意志、审美情趣等内在海洋精神人格。

（3）创设海洋文化环境。海洋文化环境包括物质环境和精神环境，物质环境自不必详细过多解释，精神环境则可以从完善文化制度和组织文化活动两大方面入手。文化寓于制度，企业需要建立、完善各项制度，形成常规的管理、培训、奖惩、绩效考核等规章制度，形成基本的管理文化和制度文化；鼓励员工自主成立企业文化推动小组，集思广益，创新企业文化建设措施，从上至下形成员工对企业的高度认同感与归属感，自觉成为企业文化的传播者和受教者。文化寓于活动，可以开展诸多海洋文化相关的活动，让员工参与其中，从活动中感受海洋气息，让员工产生归属感和认同感。

（4）开展海洋特色的团队活动。团队活动是团队文化的一个重要方面，包括团队管理、团队组合、团队协作、团队凝聚和团队创新等几个方面。包容性、凝聚性是海洋文化的两大特点，通过海洋文化特色的团队活动，无论是实践活动还是理论学习，都能够更好地促进企业团队建设。

舟山群岛新区的企业，如果能够在海洋文化方面做足、做透文章，则能够体现地域特色，时代特色，提升企业和产品的竞争力。而且，海洋文化中的海洋精神是一种更为开放和开拓的精神，这是对员工精神面貌极大地提升。

6.4 小结

企业文化具有强大的凝聚力。企业文化为员工构建了一个"家"的概念，使员工有"根"可寻，有"家"可依。当企业构建出一个"家"的概念，使不同"身份"的员工都依附于同一个"家庭成员"的"身份"中，

这就意味着员工群体具有了共同的归属感和认同感，使之成为一个和谐的整体，使员工面对的不再是冰冷的机器和孤立的流水线，而是"家庭"的文化。当员工有了归属感之后，其凝聚力自然而然就萌出新芽。

因此，不同的企业势必会造就内容不一、程度不同的企业文化。同时，企业文化建设亦是需要资金投入的，相当于企业内部的软投资。由此，就引发了一个矛盾体：究竟企业文化建设到什么样的程度，才能在保证投资收回的同时，享受企业文化投资带来的文化软效益。

针对问题，寻找解决问题的方案。21世纪，文化也成为一种生产力；21世纪，是蓝色海洋的时代。21世纪的舟山群岛新区，体现海洋文化特色的企业文化建设必定将对企业产生巨大的促进作用。

7 构建海洋非物质文化遗产知识谱系研究
——以浙江嵊山岛为例

7.1 "海洋非遗"的定义与特征

7.1.1 定义

根据联合国教科文组织《保护非物质文化遗产公约》定义："非物质文化遗产指被各群体、团体、有时为个人所视为其文化遗产的各种实践、表演、表现形式、知识体系和技能及其有关的工具、实物、工艺品和文化场所。"因此，非物质文化遗产具体涵盖了以下五大内容：（1）口头的传统和表现形式，特别是作为非物质文化遗产媒介的语言；（2）表演艺术；（3）社会实践和仪式节庆事件；（4）有关自然界和宇宙的知识和实践；（5）传统手工艺。

在我国，2011 年 6 月 1 日实施的《中华人民共和国非遗法》中规定，非物质文化遗产是指各族人民世代相传并视为其文化遗产组成部分的各种传统文化表现形式，以及与传统文化表现形式相关的实物和场所。包括：（1）传统口头文学以及作为其载体的语言；（2）传统美术、书法、音乐、舞蹈、戏剧、曲艺和杂技；（3）传统技艺、医药和历法；（4）传统礼仪、节庆等民俗；（5）传统体育和游艺；（6）其他非物质文化遗产。

海洋非物质文化遗产是海洋文明的重要组成部分，根据对这上述两个概念的引申可以得出，海洋类非物质文化遗产指的是沿海劳动人民世代相传的一切与海洋相关的各种传统文化表现形式及其有关的工具、实物、工艺品和文化场所。其内容包括海洋民俗礼仪和节庆、海洋生活生产知识和技能、海洋信仰与传说、海洋文学艺术等。

7.1.2 特征

海洋非物质文化遗产种类繁多，形式多样，内容丰富。诸如海洋民俗礼

仪、海洋民间技艺、海洋民间歌舞等都别具特色。种种充满海洋气息的非物质文化遗产是沿海劳动人民社会生活实践的结晶，是一笔宝贵的精神财富，具有鲜明的历史特征、文化特征、生活特征。

7.1.2.1 历史特征

"历史是指自然界和社会发展过程中即自然界和社会已经发生而客观存在的事实。"海洋非物质文化遗产的历史特征是指其作为一种历史遗存，是对沿海历史事件和过程的客观见证，其包含的历史遗物、历史文献、资料和传说必然是对客观实在的真实反映。海洋生产生活习俗、涉海传说与歌谣、海洋信仰等非物质文化遗产都是沿海劳动人民长期生产和生活实践中逐步形成与积淀起来的，根基厚重、内涵深远。

作为历史客体的一部分，海洋非物质文化遗产积淀了历史主体的选择、评价和构造，即便是口头的、非物质的无形存在，但其自身固有的客观实在性，依然是反映历史的重要途径，因此具有鲜明的历史特征。

7.1.2.2 文化特征

海洋非物质文化遗产的文化特征是指其作为一种传统海洋文化的载体，蕴含着十分丰富的文化内涵，其包含着过去自然环境与人类社会的大量文化信息。"大海给了我们茫茫无定、浩浩无际和渺渺无限的观念。人类在大海的无限里感到自己的无限的时候，他们就被激起了勇气，要去超越那有限的一切。"如嵊山岛的民间文学、渔歌号子，是依托特殊的海岛地理环境，广大劳动人民在对海洋的斗争和改造的实践中创造产生的，反映了当时涉海生活的社会文化信息。因此，海洋非物质文化遗产是人类创造的，是与人类社会实践活动有着密切联系的精神文明遗存，有着深刻的人类的印记。

海洋非物质文化遗产作为一种文化资源，不仅为地域性的海洋文化流传提供了载体，而且为传统文化和现代文明的发展和创新提供了可利用的多样性文化原型。人们在日常的社会实践中，亦会对旧的海洋非物质文化有所扬弃，并发展和创造出新的文化内涵，即使流传至今的海洋非物质文化遗产依然是动态的，融入了现代海洋文明的因素。

7.1.2.3 生活特征

海洋非物质文化遗产的生活特征体现在其作为一种传统的海洋生活方式的延续。海洋非物质文化遗产作为历史客体的一部分，充分体现了人的生命活力。比如海岛渔民，以打鱼为生，渔业生产的群体劳动必须统一的行动，这就需要有一个号令，因此出现了渔民号子，随着时间的推移就逐渐发展成了海岛特有的渔歌。这些传承下来的生产生活习俗，都是沿海劳动人民在千百年来的生活实践中，不断发现、不断创造的宝贵财富，有的迄今仍被广泛应用。

海洋非物质文化遗产向我们展示一种"意义"，"这种意义并不局限在遗产本身，如遗产的名称或用途等，而主要体现出遗产身上所包含的一种传统思想文化，体现出一种不朽的精神，这种精神正是人类生命活力在文化遗产上的延续。"

因此，海洋非物质文化遗产依然是现代人生活的一部分，有许多遗产它本身就是现实生活的组成部分，与现代人的生存与发展息息相关。如海神信仰，经历了发生、流传和演变的发展过程，破除了迷信的成分，但依然不失为现代沿海劳动人民的精神寄托。

7.2 "海洋非遗"的价值与功能

海洋非物质文化遗产虽然是无形的、不可再生的，但其价值和功能是丰富多样的。总体上说，海洋非物质文化遗产主要有历史文化价值、科研价值、经济价值、艺术价值和精神价值等。

7.2.1 历史文化价值和科研价值

在历史发展的不同时期，海洋非物质遗产所体现出来的文化形态也是不一样的。经过漫长的岁月积淀，海岛上保存下来的不同时期的非物质的文化状态便具有深厚的历史价值，反映了当时的社会生产力发展水平、科技水平和创造力。这些沉淀下来的东西是后人研究海洋非物质文化的重要凭证。现在人们若要在当地建立海洋文化研究基地、建立海洋知识资料库等，无一不是在这些原有的文化资料基础上进行的，是后人对其进行科研的宝贵财富。

7.2.2 经济价值

海洋非物质文化遗产作为海洋文化的载体，将这些文化资源转化为文化生产力，其能带动的海洋文化产业价值是巨大的。它有机统一了古代的文化遗产和当代的经济生活，使其一方面得到可持续发展，另一方面又使经济出现新的增长点，提高遗产拥有的文化软实力。从经济角度来讲，继承并发展海洋非物质文化最好的方式便是发展文化产业与旅游开发了。

7.2.3 艺术价值

艺术价值主要是指一件艺术品所代表的作者的艺术个性和风格，具有非常明显的民族性和地域性。其个性越典型，艺术价值也就越高。嵊山岛本土的文学艺术，像民间歌谣、民间故事、民间传说、谚语等，其中便蕴含了岛上民众长久以来对海边生活的情愫。此外，嵊山岛独具特色的音乐、美术和舞蹈等也体现了独特的审美情趣和艺术价值。岛上的渔民们借助这些方式来陶冶自己的情操，在劳作中提升自己的精神境界。

7.2.4 精神价值

胡惠林在《中国国家文化安全论》中提到，"民族文化遗产是一个民族的文化湿地和精神植被。它们是各民族在长期的与大自然相处中产生与形成的，包含着各民族对人与自然关系的理解和生存策略。"作者认为，海洋非物质文化遗产体现了沿海人们的心理结构与生活习性，一定意义上说，它是海洋精神和海洋文化的象征，更能够在一定范围内产生强大的凝聚力和激励作用。几百年来，世代渔民在生产生活中面对各种天灾人祸时的应对技能、心理应变能力等，都积淀成为一种强大的精神遗产。这些精神财富化成各种传统美德而流传百世，成为一代代后人的精神食粮。

7.3 "海洋非遗"的内容与分类

作者认为，要保护好海洋非物质文化遗产丰富的遗存，务必要对其进行一系列的搜集、采集、挖掘、整理、分类，构建具有原始性、真实性、完整性特征的海洋非物质文化遗产的资料库，并建立具有科学性、合法性的海洋非物质文化遗产知识谱系，这一切都具有深刻的意义。

"非物质文化遗产是人们学习的过程及在学习过程中被告知和自创的知识、技术和创造力，还有他们在这一过程中创造的产品以及他们持续发展所必需的资源、空间和其他社会及自然构造，这些过程给现存的社区提供了一种与先辈们相连续的感觉，对文化认定很重要，对人类文化多样性和创造性保护也有着重要意义。"因此，按照海洋非物质文化遗产的内容与性质，可分为社会生活遗产和精神生活遗产。

7.3.1 社会生活遗产

社会生活遗产是海洋非遗文化的一个板块，又可再细分为海洋习俗和典故、海洋生活生产知识和技能等。

7.3.1.1 海洋习俗和典故

嵊山岛至今还流传着许多古老的生产生活习俗，包括节庆习俗、生产商贸习俗、消费习俗、婚嫁习俗等。嵊山岛的结婚习俗颇具特色，整个结婚仪式过程礼数众多，为相喜、宴席、挑礼、迎亲、拜堂、拜祖先、兄礼等。其中最为独特的是相喜仪式，实际上这是拜祭神灵和祖先的仪式，是由海祭仪式转变而成的。

而这一结婚习俗也由来已久，岛上流传着两个与结婚有关的典故。一个是周文王和桃花三娘子的故事。嵊山岛历来新娘出嫁前母女要抱头痛哭、新娘子到半路上要把铜火炉的灰倒掉，这些习俗都是聪明的桃花三娘子用来躲避文王的迫害，躲避死亡而采取的措施。另一个便是出嫁女子三日王的故事。传说南宋时，康王避难舟山，而民女江姑智勇退敌，于是留下"民女救康王，康王赐凤冠"的传说，因此普通的渔家女也能戴凤冠出嫁。

7.3.1.2 海洋生产生活知识和技能

嵊山岛的民间生产知识包括十二月风暴口诀、潮水口诀等。而民间手工生产技艺也历史悠久，像串乌贼拖柱、调纲、串虾柱、乌贼混子、织网、渔网绳结等生产工具制作技艺，蟹黄饼、乌贼籽饼、三矾海蜇、三刨鳓鱼、呛腌蟹等海鲜食品加工技艺。这些知识和技能成为嵊山岛文化走向外界、吸人眼球的重要资本。

7.3.2　精神生活遗产

精神生活遗产是海洋非遗文化的另一个板块，可再细分为海洋传说、海洋文学艺术等。

7.3.2.1　海洋传说

嵊山岛的海洋传说，主要包括观世音传说、关帝传说、海龙王传说和天后传说等。

观世音传说是渔民风俗中最具凝聚力和向心力的民间传说，也是沿海渔民生活中非常重要的一个存在。嵊山岛上建有多座供奉观世音菩萨的寺庙或宫殿，如福泉庵、天后宫和羊府宫等。

关公的忠诚、英勇、信义等美好品质也正是在大海上谋生的渔民们所崇敬和向往的高尚节操，这些独特的内涵也成为嵊山岛区别于其他地方的不同所在。长久以来，本岛渔民共同筹资，在岛上供奉关帝塑像，将关帝像供奉于福泉庵内，与佛、菩萨同拜。

人们对大海的情感是复杂的，既有爱，也有畏。时间久了，就慢慢演变成敬畏，海龙王传说的形成便经历了一个漫长的时期。而那些以海龙王传说为基础的"龙崇拜""龙风俗"等也随之渗透到祖祖辈辈海岛渔民的思想意识、典章制度、文化艺术和生活习俗等各个方面。习俗上，人们对海龙王传说的信仰还表现在渔民祭拜龙王的仪式。这种仪式主要在船头举行，渔民们在海上如果遇到龙卷风等灾难性气候，就会举行这种仪式，祈求所信仰的海龙王能够保佑他们出海顺利，化险为夷。这些实际上都表现了渔民们的淳朴天性。

天后传说在嵊山岛也广为流传，主要表现在当地渔民建造多座"天后宫"来供奉妈祖。其他独有的民间宗教习俗还包括清船官老爷、祭海、喊魂灵、祭"床公床婆"、割脚绷、讨"百家米"等。

7.3.2.2　海洋文学艺术

文学艺术反映在作品中，是指记录和展示着人类生活、情感、审美的诗歌、词曲、戏剧、小说等，这类遗产在我国分布极其广泛且数量巨大。海洋文学艺术作品是记录和展示人类海洋生活与生产、情感、审美的抒情诗歌、

戏剧与小说等文学艺术作品，它内容丰富，分布广泛，包括民间歌谣、音乐、美术、舞蹈、传统海洋节庆等几类。

舟山民间歌谣作为舟山本土最具代表性的文化之一，具有浓郁的地方特色、强烈的生活气息和独特的艺术风格，内容比较丰富，形象生动地反映了舟山人民的劳动和生活，咏叹情感世界的悲欢离合，揭露剥削阶级的凶残贪婪，诉说海洋作业的惊险艰难。舟山以渔为主，这些渔谣是舟山宝贵的非物质文化遗产，保护与传承这些濒临失传的渔谣有着重要的历史意义和文学价值。嵊山岛的民间歌谣包括渔船歌谣、八字歌谣、儿童歌谣、地名歌谣、盐民谣等；民间音乐形式很多，包括渔歌、号子、小调、民间曲艺等，内容更是丰富多彩，有《拔篷号子》《摇橹号子》《盼郎五更》《十二月鱼名》《唱新闻》等。民间美术嵊泗县有剪纸、木刻、石刻、彩灯制作、船饰画、鱼骨鸟等；海岛民间舞蹈是渔民们在渔汛的休闲期以及传统重大节日和祭祀活动时，用来烘托起风的一种表演形式，常用的有《船灯舞》《鱼灯舞》《舞龙》《跳蚤舞》等。这些民间舞蹈通常都用打击乐器为伴奏，节奏明快，富有震撼力，是海岛民众最为喜闻乐见的一种表演艺术，在海岛地区广为流传。

7.4　小结

21世纪是海洋的世纪。随着沿海现代海洋经济的高速发展，进一步加剧了海洋非物质文化遗产的开发。海洋非物质文化遗产是沿海劳动人民在其漫长的历史文化变迁中积淀形成的，是一种宝贵的精神财富。其在发展演变的历史进程、现存状况、表现方式、传承人的现状以及各类阶段性成果等均应受到良好的保护，秉承"非物质文化遗产保护要贯彻保护为主、抢救第一、合理利用、传承发展的方针"，对海洋非物质文化遗产进行全方位的搜集与挖掘，进而整理分类，分目建档，构建海洋非物质文化遗产知识谱系，充分发挥其各项价值和功能，以数字化技术的方式达到科学保护的目的。

参 考 文 献

[1] 全国人大常委会法制工作委员会行政法室. 中华人民共和国非物质文化遗产法解读 [M]. 北京：中国法制出版社，2011.

[2] 万斌. 历史哲学论纲 [M]. 杭州：浙江大学出版社，1992.

[3] 黑格尔. 历史哲学 [M]. 北京：北京出版社，2008.

[4] 鲍展斌. 文化遗产哲思 [M]. 杭州：浙江大学出版社，2008.

[5] 刘魁立. 培育根基守护灵魂——中国各民族民间口头和非物质文化遗产概述 [J]. 中国民族，2003（3）.

[6] 国务院. 关于加强文化遗产保护的通知，2005，http：//www. gov. cn/gongbao/content/2006/content_ 185117. htm.

下 篇

基于海岛
原生态基础上的
再开发

8 海岛旅游资源特征

8.1 海岛旅游发展现状

21世纪作为海洋的世纪，海洋旅游在整个旅游体系中越来越占有非常大的比重。海岛旅游作为海洋旅游的重要组成部分，也逐渐成为旅游发展热点。旅游业在发展地方经济、改善经济结构、促进就业等方面具有举足轻重的作用，海洋旅游已经成为海洋资源丰富的国家和地区旅游发展的重点。我国不少岛屿拥有丰富的旅游资源，地理位置优越，海岛旅游开发潜力巨大。目前，一些海岛先后开发了休闲渔业、海洋文化和海洋休闲度假等为主题的旅游产品，部分海岛（如浙江的嵊泗列岛、桃花岛，广东的伶仃岛以及山东的长岛等）成了著名的海岛旅游胜地。

我国的海岸线绵长，是世界上海岛最多的国家之一。陆地海岸线长18000千米，全部海岸线总长32000千米。在我国岛屿之中，面积大于500平方米的岛屿有6961个（除海南岛、港澳台），其中433个岛屿有常住人口，而季节性利用的海岛则有1000多个。海岛地区四面环海，空气清新，气候宜人，环境优美，深受旅游者欢迎，是观光、康体疗养、休闲度假的首选旅游目的地。我国自20世纪70年代后才逐渐启动了海岛旅游开发项目。由于我国海岛旅游起步较晚，同时受自然条件、旅游开发政策、旅游基础设施、旅服务设施、资金、经济发展水平和消费者需求等多方面因素的影响，与世界海岛旅游开发早的国家如美国夏威夷群岛、加勒比海群岛、马尔代夫群岛等有很大差距。此外，由于海岛长期以来处于与外界封闭的状态，丰富的海岛旅游资源并未得到充分利用，有些海岛至今仍处于荒岛状态。虽然近年来海岛旅游者的数量不断增加，但绝大多数海岛旅游者的行为仍然停留在观光游览的阶段。

海岛旅游开发在带来经济和社会效益的同时，也带来了诸多问题，影响了海岛旅游业的健康有序发展。

（1）海岛旅游开发与环境问题矛盾突出。近年来，由于海岛独特的自然环境，优美的自然风光，对陆地旅游者具有很大的吸引力。但由于缺乏严格的旅游监管体系以及在开发中忽视了对环境的保护使得许多海岛受到了不同程度的环境污染，严重威胁着海岛脆弱的生态环境，不仅大量的植被和土壤遭到了破坏，海洋生物物种也在迅速锐减，而且建设过程中的垃圾向海里倾倒、游客乱扔垃圾等现象也时有发生。

（2）海岛旅游开发模式粗糙单一，产品种类雷同现象严重。目前，海岛旅游正处于蓬勃发展阶段，但是由于在开发过程中只注重了开发的规模而忽略了开发的品质，使得各个地区的海岛旅游开发模式非常相似，基本上都以海滨浴场游泳或农家乐风情为主，缺乏对各自的历史文化底蕴、自然文化景观等独特性资源的深入开发。这种单一的开发模式严重影响了我国海岛旅游业的长远发展。

（3）海岛旅游基础设施不完善，交通不便。大多数海岛远离城市，本身的发展就比较落后。而且由于我国海岛旅游业起步晚，经济支持力度不够，所以海岛的旅游基础设施仍处于滞后的状态，供电供水等配套设施也不完善。同时岛上缺乏完善的交通运输网，住宿条件也停留在民宿阶段。因此，游客不能够在这里得到较高层次的物质与精神享受。

（4）旅游开发缺少统筹安排，协作观念差。海岛旅游缺乏统筹规划和对产品整体性的策划，各个岛屿之间也只顾自身的开发和彼此间的竞争而忽视了相互协作的重要性，使得海岛旅游开发项目重复建设现象严重，产品种类单一，不利于海岛旅游整体发展。

8.2　海岛旅游资源特征及典例分析

8.2.1　海岛旅游资源特征

海岛旅游资源一般分为自然和人文两类。海岛自然旅游资源的特点如下：

（1）具有宜人的气候，海岛一般以温带海洋性气候为主，冬暖夏凉，气候宜人，光照充足，海洋性气候有利于度假旅游。气候既是海岛旅游业发展的自然条件，又是主要的资源，全球气候的异常变化影响海岛旅游资源的数量与质量、客流的空间与季节移动，并导致传统海岛旅游目的地萎缩。全球

气候变化对我国海岛旅游业的影响日益显著，必须及时调整海岛旅游发展的对策：大力发展生态旅游、可持续旅游；探究旅游者对气候变化的适应；改善海岛旅游目的地服务设施；重新进行海岛旅游规划；重视旅游主体人群的教育，以适应全球气候变化带来的巨大影响。

（2）与大陆隔绝，使岛上的旅游者从心理上有脱离世俗的感觉，对那些想摆脱日常事务缠身的人具有极大地吸引力。随着经济的发展，人们的工作压力越来越大，特别是工薪阶级，脱离大陆来到与世隔绝的海岛上，会让他们有一切烦恼都远离的感觉，因为隔绝的海岛正迎合了他们的需求，所以海岛旅游发展越来越好。

（3）阳光、沙子、海和海洋食物是当今世界上主要的旅游资源，具有广阔的市场，海浪、沙滩、礁石、蓝天、白帆等构成一幅幅美丽的图画，日光浴有益于健康的医学结论更是吸引着游客。

（4）清新的空气，海岛由于远离陆地，工业相对落后，空气污染少，清新的空气加上含量高的负氧离子，对疗养需求的游客具有很大吸引力。现今世界多地的空气质量都在快速下降，人们对高质量空气的需求越来越高，因此清新的空气逐渐成为海岛旅游的一大发展特色。

（5）岛上的植物也是一种重要的旅游资源。海岛与大陆绝隔，海岛上存在许多大陆所没有的植物。由于人们猎奇心理的存在，海岛上的植物也成为重要的旅游资源。

（6）各种各样的礁石，海蚀地貌以及巨大的陡崖景观。土耳其也是个临海的国家，其中的安纳托利亚高原的卡帕多西亚（Cappadocia）地区山峦起伏，沟壑纵横，沟壑与谷涧之中，是一片又一片的"石柱森林"。林林总总的石柱，冲天而立，形成独特的景观。这个地区南边的埃尔吉亚斯山和哈桑山以前是活火山，岩浆和岩灰冷却凝固后形成厚厚一层凝灰岩。年长日久，凝灰岩在阳光的暴晒和风霜雨雪的侵蚀之下，松软的部分剥蚀殆尽，在地上形成峡涧沟壑，在地下形成暗流岩洞。比较坚实的部分残留下来，则形成千姿百态的岩石。其中，有壁立千初的悬崖，有蜿蜒数十里的褶皱，更多的则是像蘑菇、树桩、尖塔一样的石笋和石柱，构成奇石林立的露天博物馆。最大的奇石博物馆在居里美附近。居里美是一个只有三四十户人家的小村庄。村庄内外，到处是一眼望不尽的石柱，真是千石嶙峋，万岩峥嵘。有的高仅十几米，有的则高达几十米；有的像一根纤细的电线杆，有的则像一座巨大

的碉堡，有的呈浅红色、赭色或棕色，有的则呈灰色、土黄色或乳白色。岩石表面甚为光洁，随着阳光和云影的变幻不断改变自己的色调。它被美国《国家地理》杂志社评选为十大地球美景之一，是地球上最适合乘热气球的两个地方之一，以此为名吸引了来自全世界的游客。

海岛人文旅游资源的特征有：

（1）拥有特色的海岛民俗文化。就以著名的巴厘岛为例，巴厘印度教的信徒主要供奉梵天、Btt湿奴和湿婆神三大天神，此外还与佛教类似，也供奉释迦牟尼，太阳神、水神、火神、风神、门神等。此外，当地人心目中神的形象可以来自个人的想象和喜爱，可以是老虎、大象、猴子等动物，也可以是人与动物的结合体，因此巴厘各地的神像雕刻千面百孔，神态各异，充满着丰富的宗教想象力和生动的艺术创造力。巴厘人一般在小孩一岁时举行由高僧主持的取名仪式，请现场德高望重者在若干纸条上写下不同的名字，然后让小孩自己抓，抓到哪个纸条就叫上面写好的名字。所谓锉牙仪式，就是将上颚的门牙和犬牙锉平，它是巴厘等民族的儿童进入成年期不可缺少的礼仪之一。当地人认为，人的六颗门牙和犬牙分别代表着懒惰、不信教、不坚强等六种罪恶，如不锉平，则无法摆脱邪恶成为大智大勇者，所以，男孩十七岁、女孩十五岁的时候将举行锉牙仪式。被锉者在仪式举行之前须身着传统民族服装在空房里隔离三天。锉下的残牙要装进染黄的椰壳里，埋在祖宗的神龛旁。仪式进行的过程中一般还有"加美兰"乐队奏乐助兴，富庶之家还要请皮影戏团来唱大戏。洁身仪式是在女孩子月经初潮时举行，是巴厘岛女孩子一生中最为重要的仪式之一。少女在月经初潮时都必须被幽禁在自己的卧室，房门前悬挂着鲜嫩的椰叶。任何男人和外人在此期间都不得进入甚至靠近少女的卧室。贵族富人少女家，还要为她在村里敲响木梆，宣告姑娘已到花季，可以婚配了。初潮结束后，其家人将在公共宗教场所举行热闹的洁身仪式。由巫师为其净身后的少女，身穿金线绣花绸衣，头戴鲜花编织的桂冠，坐在一个身强力壮英俊小伙的肩上被扛进仪式大厅。在喜庆冗长的仪式后，少女还要由家人陪同乘坐彩车前往庙宇拜神谢恩，并在家中设宴祭祀神灵，款待宾客。

再比如我国东海沿岸著名的舟山群岛也有一系列有趣的海岛民俗。一是摇橹，摇橹其实是摇船比赛，一般在舢板或小对船上进行。《释名》中曰"橹，膂也。用膂力然后舟行也。"可见摇橹竞技主要是臂力和技能的比赛。

摇橹比赛时，摇橹者身穿背心、短裤，赤脚，一人、一橹，划起层层浪花，再加上海螺号、摇橹号子，锣鼓声和呐喊声，顿使海湾沸腾一般。近年，沈家门渔港还举办过全国舢板摇橹比赛。二是海滩放鸢，海滩由于场面开阔、海风习习，非常便于放鸢上天，同时放鸢是把晦气放向远方海面，以保海岛的平安，因此海滩放鸢历来成为海岛人爱好和滩上竞技之一。每到清明、立夏、中秋、重阳，形成了"滩头众人牵戏，空中满眼鸢飞"的壮丽场面。三是攀缘绳索，当渔船靠渔港码头有一定距离，无小舢板摆渡时，渔民只得攀拉连接船上和码头缆桩上的一条绳索下船，称之"攀缘绳索"。这个竞技一要胆大，二要灵巧，并要有较好的手力和脚力，以到达船上（或岸上）的时间最短者为胜。这些十分有趣且极具地方特色的海岛民俗是吸引游客不可或缺的旅游资源，应加大这方面的宣传力度，来增加当地的游客量。

（2）建筑风格颇具主题。普陀山是佛教圣地，原有的大小寺庙都是明清时期的建筑，其他建筑均在不同程度上体现着古典的韵味，并形成了当地的建筑风格。为了不打破已有的海岛格调，经过多次推敲，决定沿用古典建筑风格，但要有别于寺庙建筑，在建筑立面和屋面上做些大胆的改进。立面以白色基调为主与寺庙建筑的黄色相区别，同时大胆采用通透明亮的大型铝合金木纹门窗，使立面活泼大方；屋面瓦采用黏土小青瓦，与古建筑常用的琉璃瓦相区别，集中体现南方古典园林建筑的特点，给客人以亲近放松的感觉。海岛上天气瞬息万变，经常会受台风影响，而舟山冬天的气温比海南岛要低许多。为此，将客房设计为封闭式走廊和全封闭的外连廊以提高酒店的舒适度和安全度。整个建筑结构都作隔音处理，并采用了双层中空玻璃门窗，创造安静的环境。

但是当你走进山东省的渔村，就可以看到这些以石为墙，海草为顶，外观古朴厚拙，极具地方特色的宛如童话世界中的草屋民居。在原始石块或砖石块混合起的屋墙上，有着高高隆起的屋脊，屋脊上面是质感蓬松、绷着渔网的奇妙屋顶。这就是极具地方特色的民居——海草房。此外，在马尔代夫群岛中，有一个白色的珊瑚礁小岛，岛上有44座拔"海"而起的水上别墅。那里就是被称为世间最美水上别墅的姬丽兰坎芙希水上别墅。它们的造型颇具当地民俗风味，建造材料主要来自于当地自然树木。

圣托里尼是在希腊大陆东南200千米的爱琴海上由一群火山组成的岛环，圣托里尼岛环上最大的一个岛也叫圣托里尼岛，别名锡拉岛。圣托里尼岛位于基克

拉泽斯群岛的最南端，面积约 73 平方千米，人口约一万四千余人，多为希腊人。"圣托里尼"是 13 世纪时威尼斯人所命名的，起源于圣·爱莲（意大利语：SantaIrene）；在此前这个岛称为锡拉岛、卡利斯提（KaAA^Tn，在古希腊语意为"最美"）或斯特隆基里（STpoyy^Aq）。岛上建筑蓝白相间，衬以蔚蓝大海，美不胜收，是著名旅游胜地。它是爱琴海上璀璨的明珠，柏拉图笔下的自由之地。曾看到有人这样形容：如果说基克拉迪群岛（Cyclades）是遗传散落在爱琴海的珍珠项链，那圣托里尼就是项链坠子上最耀眼的钻石。

以上三种风格迥异的海边建筑风格无不吸引着许许多多的游客前往游览欣赏，正是这份特别成就了它们使它们闻名于世，因此，挖掘一个新的海岛上的旅游资源的时候，就要敢于发现当地风景线的独特之处。

（3）岛上居民参与性高。人民的参与度永远都是决定一件事能否成功的重要因素之一，当一个海岛决定要以发展旅游业为主的时候，就一定要取得当地民众的支持，人多力量大，每个人都为当地发展出谋划策就一定会取得很好的效果，毕竟当地人民是最了解当地实情的。此外，当有来自世界各地的游客来这里游玩时，常常需要当地人的帮助，而热情及时的帮助又能为当地的人文气息加分。

（4）富含历史文化或宗教文化的旅游资源。每个地方都有其特色的历史文化环境，作为旅游的特色海岛来说，其背后的文化特色更是我们需要去挖掘和发展的。以马尔代夫为例，马尔代夫以伊斯兰教为国教，居民岛上不食猪肉，不饮酒，严禁偶像崇拜，妇女出行必须穿遮体长裙，男士不能穿短裤。外国游客在度假酒店内不用遵守此规定，但到了马累等当地居民岛，就必须入乡随俗了。马尔代夫居民大多是虔诚的穆斯林，讲礼貌、重礼节、淳朴好客，每天会进行五次祷告。而星期五的伊斯兰教安息日则是他们每周的星期假日，商店、学校和公共场所都会在这一天关门歇业。马尔代夫融合来自于古代世界各地的海上移民所带来的丰富、多元的文化；当地传统音乐与舞蹈则深受东非文化影响，如击鼓与乐曲等；另受南亚文化影响，当地的饮食文化尤其凸显；马尔代夫的妇女则不同于南亚次大陆国家普遍对女性采取的隔离主义，而是活跃在主要社会活动中。首都马累的政府、军队、警察局等机关皆可见其踪影。而在其他原住民岛中，男人终年漂泊于海上捕鱼讨生活，女性则扮演持家照顾老少的角色。毕竟群岛国家，海洋是原住民终年所依存的资源，故海洋子民自然以海洋文化来呈现这支独立民族的风情了。

8.2.2　充分利用旅游资源的成功典例

8.2.2.1　马尔代夫

在海岛开发过程中，马尔代夫特别重视海岛规划，规划是政府的职能，规划的设计充分考虑单一岛屿的整体性及与其他海岛的关联性，以规划指导开发，总体规划，分步实施，使得一岛一风格。开发与保护并重，突出生态开发马尔代夫政府在决定具体海岛是否开发时，就已充分考虑生态环境保护的要求。海岛开发的规划、旅游区承载力的确定都要服从于环境保护的需要。在马尔代夫，无论是政府官员还是普通民众，都具有强烈的环保意识。无论对投资经营海岛者还是来海岛旅游的客人，马尔代夫方面都有环境的要求。马尔代夫著名的三低一高的开发原则（即低层建筑、低密度开发、低容量利用和高绿化率），就是为了保持原有的地貌特征，确保岛上旅游资源和生态系统不会遭到破坏，使游客能够感受到大自然的亲切，体会到休闲的享受。马尔代夫通过整体出让海岛，差异化发展等策略发展海岛旅游，根据不同岛屿的情况拟订不同的政策措施和相应的开发时间、开发规模、开发方式。马尔代夫在开发海岛的过程中，始终采取四个一的模式，即一座海岛及周边海域只允许一个投资开发公司租赁使用；一座海岛只建设一个酒店（或度假村）；一座海岛突出一种建筑风格和文化内涵；一座海岛配套一系列功能齐备的休闲娱乐及后勤服务等设施，从而使马尔代夫海岛旅游形成了一个独立、封闭、完整的度假区。马尔代夫政府在海岛开发中主要承担的管理职能如下：完善政策，鼓励外来投资，海岛开发实行国际招标，加强海岛旅游的宣传，加强海岛基础设施建设，加强从业人员培训。通过制定海岛法等管理法规和标准，对海岛环境资源保护、交通运输和旅游质量安全等做出明确规定。同时，马尔代夫海岛开发也实行了极为严格的审查制度，旅游部门每年组织两次对海岛旅游的监督检查，对不达标准、违反有关规范的行为进行重罚，以维护良好的海岛旅游信誉和秩序。

从以上一系列阐述我们可以总结出马尔代夫成功的几点关键因素：

（1）海岛发展规划超前，突出以人为本，追求人与环境和谐；

（2）开发与保护并重，突出生态开发；

（3）特色开发；

（4）制定优惠政策与措施，提高服务水平；

（5）政府服务职能；

（6）海岛旅游监督管理制度。

8.2.2.2　巴厘岛

巴厘岛旅游规划对巴厘岛旅游业的稳健、快速发展做出了巨大贡献。20世纪70年代开始发展旅游的时候，巴厘省政府就邀请欧美专家做了长达30年的旅游发展规划。80年代，鉴于旅游业发展形势很快，政府又组织力量对规划进行了修编。在规划实施过程中，政府和企业基本上都尊重了规划的严肃性。由于严格按照规划进行旅游开发，他们的旅游度假区开发一个成功一个，30年上了3个台阶，保持了持续的发展能力。巴厘岛限制全岛的旅游建筑不能超过椰子树的高度，规定不能发展冒烟工业。根据度假旅游业的要求，制定了一系列与国际接轨的旅游法规。开辟特别旅游区，允许外国人直接投资经营，给予优惠的土地使用政策。旅游区合理布局，成片开发，可持续发展，营造了安全、文明、好客的社会环境。旅游配套设施适应国际旅游发展的需求，在旅游酒店管理方面，巴厘岛大量引进国际酒店集团管理本岛酒店业，通过引进大量高层次的酒店经营管理人才，既引进了成熟的国际旅游业管理经验，又可迅速快捷地得到国际旅游市场信息。大力引进西方投资和管理，提高开发力度和经营管理水平，重视旅游地的宣传促销。在巴厘岛的旅游业发展中，印度尼西亚及巴厘省政府都扮演了举足轻重的角色。例如，政府对旅游业的态度、宏观规划、产业开放政策、投资导向、法律法规、各部门管理权限和税收政策等方面，都对旅游业发展有深刻的影响。

通过对国际著名海岛马尔代夫海岛和巴厘岛的开发与管理方式研究分析，发现它们在旅游业发展中存在一些共同之处：海岛旅游开发前都要编制高水平的海岛发展规划，并严格按照规划进行旅游开发；要高度重视生态环境的保护，发展生态旅游；根据海岛各自的特点进行特色开发，并重视与本地文化的结合；海岛旅游开发应提供人性化服务；大力发挥政府部门的主导作用和管理作用；对海岛旅游进行严格的监督管理。在开发海岛旅游资源的同时，应充分挖掘海岛旅游资源的本底特色与形象元素，以特色塑造出海岛整体旅游形象，这对于创造海岛旅游世界知名度具有重要作用。例如，根据

海岛旅游资源条件的差异，可开展拓展训练、狩猎野味、海上婚礼、科研基地、休闲度假、水上浮宫、海钓、游艇及水上娱乐等特色旅游项目。

8.3　实例分析——舟山六横岛

六横岛面积达 93 平方千米，是舟山群岛中仅次于舟山岛和岱山岛的第二大岛，岛上农业较为发达。由于常年气温适中湿润，雨水丰沛，适宜种植衮、番薯、玉米等作物，尤其是番薯产量较高，闻名舟山。六横岛在元代以前，称为黄公山，明代起开始改名为六横岛。因为全岛有从东南到西北走向的 6 条岭横岛屿，其形如蛇，则当地百姓称为"横"，故得名"六横"。六横岛以海岛乐园休闲之旅为主，最大特色是体验渔民生活，品尝亲手捕捉的海鲜。重要景点有悬山岛、龙头跳等。岛上有一王安石庙，位于六横镇礁潭中心村。相传一代名相王安石任鄞县县令期间，曾亲赴六横抗旱救灾解民于危难，后人为铭记其功绩建有王安石庙保留至今。六横作为海岛城镇，港口资源丰富，全岛海岸线总长 85.05 千米，其中 10 米以上水深，且有一定腹地配套的岸线 36.3 千米，深水海域达 40 多平方千米。双屿港港阔、水深、潮缓，港岸线长 7.6 千米，水深 10~50 米，可建 30 万吨级深水港；台门港全长 10 千米，水深 5~20 米，可使用海域面积 20 平方千米，是国家一级渔港，也是渔船避风、锚泊、补给的良港，港畔陆域纵深辽阔具有多种开发优势。六横岛山川秀美、空气清新、物产丰富、市场繁荣、民风淳朴、气候湿润、文化底韵深厚，是度假休闲投资的理想之地。

这里的气候和地理位置都十分适宜，因此作为旅游资源的自然资源是十分丰富的，而要进一步扩大六横岛的规模就需要充分挖掘当地的历史和文化的闪光点，比如传统海洋审美和民俗文化。加强当地的海岛文化软实力，并且需要面向更广阔的天地寻求更多建设性的金点子。此外政府要履行好服务职能，为六横岛的发展创造一个良好的环境，发挥政府部门的主导作用和管理作用，尤其要注意的一点是，在借鉴其他海岛成功经验的基础上，一定要突出属于六横岛独一无二的特色，才能形成旅游竞争力，才能避免千篇一律渐渐被洪流所掩埋。

8.4　海岛旅游资源分析意义

海岛旅游是一个极具前景的旅游项目。现代人都市生活紧张，压力大，

同时容易并乐于接受新鲜事物。做好海岛旅游资源的特征分析，结合当地特色的自然资源和人文资源，加大宣传旅游特色，并根据都市人的潜在心理需求，开发适合各个阶层人士的旅游项目与产品，将大大增加海岛旅游景区的吸引性。做好海岛旅游资源分析，合理开发海岛旅游资源，可针对性发展旅游特色，减少对环境的破坏，突出海岛旅游品牌创建。海岛旅游资源分析是发展特色海岛旅游的基础工作，做好分析工作，结合适合的管理模式才可持续发展海岛旅游，令海岛旅游从众多旅游中突显出来，形成强大的旅游竞争力。

参 考 文 献

［1］邢晓军．马尔代夫海岛开发考察［J］．海岛管理，2005（2）：41~431．

［2］杨洁，李悦铮．国外海岛旅游开发经验对我国海岛旅游开发的启示［J］．海洋开发与管理，2009，26（1）：38~431．

［3］马斌．巴厘岛的启示［J］．今日海南，2005（9）：40．

9 海岛民俗文化的发展

　　民俗文化是一定地区精神文化发育的土壤，凝聚着民众的生活理念，是某一区域民众文化性格形成的重要因素，是特定时期劳苦大众的主要精神依托。海岛民俗文化不仅如此，它还是海洋文化的核心部分。自 20 世纪 90 年代金涛《舟山海洋龙文化》问世以来，关于舟山民俗文化的研究逐渐引起重视。其实早在原始时期舟山海岛就已经有了民俗。贝逸文在《舟山与日本风俗比较》一文中指出鸟图腾和龙蛇崇拜是舟山的原始风俗，这也说明了海岛的民俗文化可以追溯到远古时期，直到今天仍然有着顽强的生命力和持久的影响力。后来随着道教与佛教的传入与盛行，舟山群岛成为闻名世界的文化圣地，舟山民俗文化因而也得到迅速发展，尤其是具有本土特色的海洋民俗文化。

　　海岛民俗文化是沿海地区人民在漫长海洋生产与生活过程中形成的精神文化财富。自古以来，沿海区域民间所崇拜的海洋神灵十分丰富，除妈祖、龙王、船神、网神、礁神、潮神等专司海洋及航海安全的神灵外，绝大多数沿海区域还崇拜观音菩萨、东岳大帝、关圣帝君、文吕君等神话人物。当然，民间仰慕的神灵在各地又有所不同，比如舟山群岛，除了上述海洋神外，舟山历代有功德的官员、品德高尚的邑人、才华横溢的士子、高风亮节的寓贤以及寺庙的高僧大德皆为岛民所供奉。除司职海洋的神灵外，神灵化的历史人物在舟山海洋神灵中所占比重最大。

　　这些民俗文化颇具当地特色，表达了人们对安居乐业、风调雨顺的美好生活的向往。

9.1　舟山海岛民俗文化的特点

9.1.1　多神并存，但有主次、地域之分

　　舟山海岛的民俗文化源于对历史人物的感恩和对神话传说人物的敬慕。

舟山民俗文化里有关海洋的神灵存在许多不同种类，神灵虽多，却稍显混乱，但仔细分析便可知其中存在的条理。

一方面，有主次之分。从舟山民间风俗的整体情况来看，海龙王和妈祖是占主要地位的，且历史都十分悠久，影响范围及深度都远胜于其他神灵，而民众祭拜情况也可以说明这一点。在舟山所属四区看来，用来祭拜海龙王的宫殿、龙宫数不胜数，供奉妈祖的庙宇也比比皆是。特点方面，古代在龙王和妈祖生日更会举行较为盛大的祭拜活动。

另一方面，有地域之分。海龙王和妈祖是舟山整体的主要神灵，当然也就无所谓地域之分了。再看其他神灵，祭拜羊府大帝的人主要分布在岱山，关帝和洋山大帝主要是受嵊泗渔民祭拜，而祭拜陈财公的则主要分布在普陀青浜庙子湖一带，祭拜菩萨的人分布比较散乱。

9.1.2　本土文化与外来文化各放异彩

舟山民俗文化中出现的神灵并不都是舟山本土产生的，或者说绝大部分都是外传进来的，而后在舟山逐渐传承，形成了现今具有舟山特色的民俗文化。舟山本土产生的神灵文化就只有羊府大帝。海龙王文化经历过一段复杂的演变，所以没有谁能说得清它究竟起源于哪个地点。而妈祖、关帝、洋山大帝、陈财公等这类神灵，不管是有据可考还是祖辈相传，很明显都是经由外界传入或者是外籍人士传入而后在舟山形成的独特民俗文化。但无论是否属舟山本土产生，在舟山这片沃土上，各种神灵文化共同构成了舟山海岛的民俗文化宝库。

9.1.3　兼具佛教文化

在舟山，民俗文化的形成，一部分还受到佛教的影响。俗话"金五台，银普陀"就是对佛教几大圣地的美誉，而被誉为"银普陀"的普陀山就在舟山下属的普陀区。因而，舟山全境乃至腹地受佛教影响很大，信奉佛教的人很多。

9.2　舟山海岛民俗文化存在的原因

从民间风俗的产生源头来看，供奉神灵就是为了祈求平安，希望能谋更多福利，通俗来讲，也就是为了获取一种精神慰藉。虽然社会在不断发展，

各种需求都在不断变化，然而不论社会发展到怎样的程度，平安与福利却是人们一直想要的。鉴于舟山特殊的地理位置，居住的人大多数都是渔民，出海打渔是他们主要的谋生方式。海上天气变幻莫测，纵使现在科技发达，大自然的变数也不可能准确预测知晓，他们需要心灵寄托，再加以年长者对神灵十分敬畏，所以去拜祭各种神灵以保家人平安成了民间文化的重要组成部分。祭拜神灵的风俗减少了海岛人内心的恐惧，给人们以心理安慰，因此被长久留传了下来。

9.3 舟山海岛民俗文化存在的意义

首先，从其存在原因来看，舟山海岛民间风俗的存在满足了海岛人民的精神需求，使其内心得到了慰藉。它作为精神领域的一个分支，给海岛人民带来的福音不容小觑。在物欲充斥人们心灵的世界，人们可以保存这样一份虔诚的心也是难能可贵的。

其次，从其存在对于整个舟山海岛的经济来说，海岛人民因怀着对神灵的敬慕之心，勤劳生产、安心生活，使人们的生活水平得以提高，舟山经济得以发展。同时舟山海岛民间风俗的发展也激发了沿海其他省市人民对舟山民俗文化的好奇，很多外省人想来亲眼目睹、亲身体验，带动了舟山旅游业的发展。

最后，对于民间风俗本身来说，更是意义非凡，因为存在才可能发展，发展才可能兴盛，而兴盛才能证明其存在的合理性与重要性，如此，文化才能得以更好的发展而不致衰弱。

9.3.1 海岛民俗文化及遗存的深厚价值

海岛民俗文化是浙江沿海人民在漫长历史进程中吸纳形成的一种特色文化，是广大劳动人民精神生活的重要组成部分，具有很高的精神价值、史学价值和科学价值。其内涵包罗万象，涉及社会学、历史学、哲学、科技、医学、建筑、文字、文学艺术、天文地理、历法等。

9.3.2 海洋民俗文化的强烈艺术感染力

民俗文化在满足人们的精神需求、审美欲望和猎奇心理上有着特殊的功用。如具有地方特色的建筑、雕塑、绘画与书法、音乐、活动仪式以及武

术、养生等，都有深厚的文化内涵和较高的审美价值并笼罩着神秘的色彩，能够激发和满足人们审美、猎奇的心理需求。

9.3.3　海岛民俗文化满足了现代人的精神需求

随着科技的进步，生产力的飞速发展，一体化进程的加速，产生了各种生活方式和价值观的相互碰撞。人们在繁荣的物质文明和多元文化冲击下，或多或少地感到精神紧张和情感空虚。民间风俗用不同的方式，对现实世界的人类具有明显的启迪、安慰、寄情的作用，满足人们不同层次的精神需要。包括获得慰藉的需要，摆脱恐惧与孤独、群体交往的需要，追求平静的需要，情感宣泄的需要等。

9.4　海岛民俗文化合理可持续发展探讨

9.4.1　突出区域资源特色，发挥组合优势

科学地整合浙江沿海丰富多彩的民俗文化，打造旅游品牌，实现旅游可持续发展，对于提升领域旅游竞争力具有重要的战略意义。如浙江沿海佛教旅游资源以宁波天童寺、阿育王寺、雪窦寺为轴心，东遥控佛教名山普陀山，南延接天台宗祖庭国清寺、高明寺、方广寺，西毗邻禅宗著名丛林新昌大佛寺和杭州灵隐寺、净慈寺，北隔杭州湾与上海玉佛寺、静安寺等相望，在半径 150~200 千米范围内，有全国佛教重点寺院达 17 处，其分布之密集，为全国所罕有。当前，若是加强各地区旅游部门、文化部门和宗教部门的合作，整合该区域丰厚的佛教文化旅游资源，开发"东南佛国朝圣之旅"品牌，拓展日本、韩国、东南亚、港澳台、长江三角洲、珠江三角洲等地旅游客源市场，对浙江沿海文化旅游的可持续发展会有推动作用。

9.4.2　发挥沿海居民的支持作用

社区参与对旅游可持续发展具有重要意义。社区居民参与到旅游服务中，渲染原汁原味的地方、民族文化氛围，可增加吸引力；社区参与可为旅游区的资源保护提供强大动力。

9.4.3　大力发展生态旅游

生态旅游是当前国内外旅游界的热门话题。由于民俗文化中的价值观体

现了生态旅游的思想，在倡导人们保护环境方面有着非常重要的积极作用，因此，民俗文化也是生态旅游的助力。

笔者认为，深入挖掘、提炼海岛民俗文化的生态价值观（如"万物有灵"、佛教的"缘起论"、道教的"自然观"），并将其融入阳光明媚、环境幽静、生态良好的海洋、山川资源之中，大力发展生态旅游，是实现海洋民俗文化旅游可持续发展的重要途径。

建议保持原汁原味的民俗文化旅游资源，尽量做到修旧如"旧"；建议坚持适度开发、有限利用，考虑区域旅游承载力；建议借助民俗文化来宣传资源保护和生态环境的可持续发展思想，充分发挥民俗文化对生态旅游的正向功能。

9.4.4 合理整理并学习海岛民俗文化知识

整理与学习舟山海岛民俗文化是一项重要的学术活动，它填补了舟山市地方文献和目录学研究的空白，对于推动民俗文化方面的文献整理与目录学的丰富、完善有重要的理论价值和现实意义。舟山海岛民俗文献的搜集整理不同于其他类别文献与书目搜集整理，在收录范围、著录项目和编著体例等问题上还有待探讨，通过舟山海岛民俗文献的搜集整理与学习，研究地方文献与书目的编纂特点、方式与规律。

海岛民俗是一定地区精神文化发育的土壤，凝聚着民众的生活理念和价值取向，是民众文化性格和社会心理形成的重要因素，甚至是某一时代劳苦大众的精神依托。对舟山海岛民俗文献进行搜集整理，以全面系统地了解舟山民众的生活理念、文化性格与社会心理，探讨舟山群岛民众精神依托多样性原因。同时，舟山海岛民俗文化也是舟山海洋文化研究的一个组成部分。系统完整地保存舟山丰富的海岛民俗材料，展示千百年来舟山海岛民俗文化的发展历程，为研究古代舟山海岛文化提供了翔实准确的文献资料。充分挖掘舟山旅游资源的民俗正能量，弘扬舟山民俗文化中特有的人文精神，准确把握民间风俗活动在舟山历史文化的现代化建设中的功能和地位。海岛民俗文化是舟山经济发展和社会进步的思想动力和精神支持。

9.5 海岛民俗文化合理发展的意义

海岛民俗文化是海岛历史发展的产物，它凝聚了舟山人民对于大海、对

于生活的思考和向往。合理开发海岛民俗文化，将民俗与旅游结合发展，突出区域性旅游特色，让民俗和区域发展相结合，有利于推进舟山各海岛区域多方位发展模式，增加海岛经济收入，带动海岛其他相关产业的发展，有利于增加海岛居民收入，提高居民生活水平，推动海岛与其他地区的多方面交流。海岛民俗文化是舟山经济发展支柱，合理开发海岛民俗文化或可实现舟山海岛旅游的可持续发展。

参 考 文 献

[1] 秦良杰.舟山海岛历史文化资源类型与开发对策 [J].浙江海洋学院学报（人文科学版），2010.

[2] 贝逸文.论舟山群岛的宗教文化特质 [J].中国海洋文化在线.

[3] 李泽.中国海岛县旅游资源开发潜力评价及海岛旅游资源整合 [D].大连：辽宁师范大学，2012.

[4] 庄和刚.海岛发展的文化因子与文化和谐 [J].舟山社会科学，2007.

10 海岛美食简介

10.1　海盐

10.1.1　海盐的简介

盐在每个人的生活中都是一种必需的调味料，可是人们大多只是了解普通食盐的作用，对海盐的好处却没有深入的了解，而海盐也是一种有利于健康的盐，相比于许多普通的食盐，海盐的作用更大。

普通的食盐可能会有一些化学的成分，但海盐的纯净度较高。因为所含的钠比较多，当普通的食盐进入身体之后，可能相当于一种毒素，同时，研究之后发现普通的食盐摄入量过多会抵挡住身体的水分，身体缺水又会导致其他的健康问题。其次，普通食盐更会对身体的各个内脏造成一定的压力。当然，不管是普通食盐还是海盐摄入量都不要太高。当盐分摄入过多，多喝水可以有效缓解身体缺水的情况。

虽然海盐不能过度摄入，但我们不能否认海盐当中的矿物质对身体的有利作用，首先海盐可以让身体内的各个细胞都更好地工作起来，其次创造出更多的有益物质，当然，对电解质的平衡也有一定的作用。其次，海盐当中也有对健康有益的抗氧化剂。此外，海盐当中也含有钾、铁和铜等物质，矿物质可以帮助身体更好调节水分，同时让身体内的酸碱度达到平衡，减少身体内的各种不良反应。有调查表示，海盐中有超过七十种的微量元素，这些微量元素是健康生活的根本。

海盐对心脏的健康也有一定的作用，当身体内部血液的黏稠度过高，心脏的正常血液循环受到影响，海盐能提供给身体一定的等离子体，让血液循环变得更加良好。

海盐的味道比较新鲜，和普通食盐的化学味道相比，海盐的口感更好。

10.1.2 海盐晒制技艺

海盐晒制技艺是浙江省象山县的汉族传统技艺。该技艺起源于唐代,有着丰富的天文、海洋、自然科技知识和历史价值。传统的晒盐技艺,是一份极其宝贵的汉族历史文化遗产。

晒盐历史悠久。唐代已用土法煎盐、宋时已有刮泥淋卤和泼灰制卤法,并用煎熬结晶。元人称晒盐为"熬波"。清嘉庆开始,从舟山引进板晒法结晶,清末又引进缸坦晒法结晶,成为盐业生产工艺上的一大变革。从现有的资料中,可查到民国时期晒盐业的代表人物严纪鳌等。20世纪60年代后试验成功平滩晒法,采用新技术,并用机器逐渐代替手工操作,传统晒盐技艺逐渐退出历史舞台。直到20世纪90年代初,老盐区金星、番头等少数盐场仍保留手工与机械操作并存的状况。千余年来,晒盐区分布在县境沿海地区,北自钱仓,由爵溪折而南至石浦,四都,迂回二百余里,灶舍环列其中。新中国成立后,盐区(场)几经调整废兴,至20世纪70年代末,形成昌国、花岙、白岩山、新桥、旦门五大骨干盐场。总面积近30000亩,比原盐地增加近10倍。

象山晒盐以海水作为基本原料,并利用海边滩涂及其咸泥(或人工制作掺杂的灰土),结合日光和风力蒸发,通过淋、泼等手工劳作制成盐卤,再通过火煎或日晒、风能等自然结晶成原盐。优质的盐尚有坚实指捺不碎,正立方体有棱有角,透明洁白,手捺后粉碎不粘手,纯洁,无羊毛硝析出等特点。整个工序有10余道,纯手工操作,看似简单却又体现出智慧。晒盐大都靠日光和风力蒸发,自然天成,没有具体的理化指标。加工工艺与气候、季节等因素相关,又与悬沙、潮汐相关,不确定性较明显,需要有经验的人把握潮汛、季节等变化,完成晒盐全过程。

10.1.3 海盐的未来发展方向

(1)海盐定位为高级料理用,精工细作。结合中国实际情况,矿盐的制作成本更低,海盐应该和矿盐走不同的道路。提高海盐的营养价值和风味,成为高级酒店餐馆的选择。表10-1为100g精做海盐的成分表。

表 10-1   100g 精做海盐的成分表

成分	含量	成分	含量
热量	0kcal	钙	625mg
蛋白质	0g	铁	1.61mg
脂肪	0g	锰	0.273mg
碳水化合物	0g	锌	0.185mg
钠	30.3g	铬	0.00011μg
镁	2810mg	铜	0.015mg
钾	859mg	氯	51.4g
钴	0.005mg	镍	2.35mg
溴	100mg	锶	0.8mg
氟	1.5mg	硫黄	1650mg
硼	7mg	锂	0.1mg

（2）更好的产品设计。为了迎合现代人的口味，更加人性化更加美观的产品设计是必不可少的。例如，粉末状海盐中加入少量水后，增加压力形成的颗粒状海盐。比起粉末状海盐，其流动性好，同时设计出配套的调理瓶子，使产品更加实用、人性化，增加市场竞争力。

10.2   刺身

10.2.1   刺身简介

刺身也称为鱼脍、鱼生、生鱼片，指将新鲜的鱼贝类生切成片，蘸调味料直接食用的菜品。起源于中国，在中国古代是常见的鱼类菜品，今流行于日本、朝鲜半岛等地。鱼生在中国古代逐渐势微可能是因多以淡水鱼为食材的关系。一般淡水鱼寄生虫较海水鱼多。

10.2.2   刺身生产制作

10.2.2.1   材料

刺身最常用的材料是鱼，多数是海鱼。常见的是金枪鱼、鲑鱼（三文鱼）、鲷鱼、比目鱼、鲣鱼、多春鱼、鲕鱼、鲈鱼、鲻鱼等；也有鲤鱼、鲫

鱼等淡水鱼。在古代，鲤鱼则是刺身的上品。还有一些特殊的海产，如章鱼、鱿鱼、墨鱼、鲸鱼也是常见的材料。鲸鱼可以片成较厚的鱼片，但章鱼、鱿鱼和墨鱼却不能片成鱼片，而是利用这些鱼自身的体形切成不算太薄的鱼块，当然也可以算成鱼片。除了鱼片，还有整鱼，一些长不大的微型鱼，如果生吃、活吃的话，也就是一种美味的刺身。鱼肉之外，还有生鱼子，也可以成为刺身。至于香港人食用的生鱼翅，在日本人看来也是一种刺身，但刺身并不限于使用鱼，所用材料的范围很广，有螺蛤类（包括螺肉、牡蛎肉和鲜贝），有虾（一种红色的甜虾）和蟹，有海参和海胆，还有鸡肉（sasami，鸡胸脯嫩肉）等。

10.2.2.2　做法

原料：新鲜的加吉鱼、三文鱼、金枪鱼、北极贝，裙带菜，白萝卜，切成均匀的细丝。

调味品：绿芥末、日本酱油。

制作：（1）把萝卜丝码在盘子底下，把裙带菜码一些在萝卜丝上；（2）把海鲜切成长约5厘米、厚约1厘米的细条，铺在萝卜丝上。

要点：（1）萝卜丝可用专用工具切出；（2）要想萝卜丝看上去亮一些，可将切好的萝卜丝放在凉水中泡一会儿；（3）海鲜可以上自由市场去买，这样比在超市节省很多钱，而且比较新鲜；（4）所有的用料均不需再放任何作料，吃的时候蘸绿芥末和日本酱油即可。

10.2.3　菜品特点

第一，刺身以漂亮的造型、新鲜的原料、柔嫩鲜美的口感以及带有刺激性的调味料，强烈地吸引着人们的注意力。近些年，随着餐饮业国际间交往的增多，世界各国好吃的东西都能在国内找到。刺身也是这样，它已经从日本料理店走进了数量众多的中高档中餐馆。第二，刺身最常用的材料是鱼，而且是最新鲜的鱼。常见的有金枪鱼、鲷鱼、比目鱼、鲣鱼、三文鱼、鲈鱼、鲻鱼等海鱼；也有鲤鱼、鲫鱼等淡水鱼。在古代，鲤鱼曾经是做刺身的上品原料，如今刺身已经不限于鱼类原料了，像螺蛤类（包括螺肉、牡蛎肉和鲜贝），虾和蟹，海参和海胆，章鱼、鱿鱼、墨鱼、鲸鱼，还有鸡肉、鹿肉和马肉，都可以成为制作刺身的原料。在日本，吃刺身还讲究季节性。春

吃北极贝、象拔蚌、海胆（春至夏初）；夏吃鱿鱼、麵鱼、池鱼、鲣鱼、池鱼王、剑鱼（夏末秋初）、三文鱼（夏至冬初）；秋吃花鲢（秋及冬季）、鲣鱼；冬吃八爪鱼、赤贝、带子、甜虾、麵鱼、章红鱼、油甘鱼、金枪鱼、剑鱼（有些鱼我们国家还没有）。第三，刺身的佐料主要有酱油、山葵泥或山葵膏（浅绿色，类似芥末），还有醋、姜末、萝卜泥和酒（一种"煎酒"）。在食用动物性原料刺身时，前两者是必备的，其余则可视地区不同以及各人的爱好加以增减。酒和醋在古代几乎是必需的。有的地方在食用鲣鱼时，使用一种调入芥末或芥子泥的酱油。在食用鲤鱼、鲫鱼、鲇鱼时放入芥子泥、醋和日本黄酱（味噌），甚至还有辣椒末。第四，刺身的器皿用浅盘，漆器、瓷器、竹编或陶器均可，形状有方形、圆形、船形、五角形、仿古形等。刺身造型多，以山、川、船、岛为图案，并以三、五、七单数摆列。根据器皿质地形状的不同，以及批切、摆放的不同形式，可以有不同的命名。讲究的，要求一菜一器，甚至按季节和菜式的变化去选用盛器。第五，刺身并不一定都是完全的生食，有些刺身料理也需要稍作加热处理，例如：蒸煮大型的海螃蟹就取此法；热水浸烫生鲜鱼肉，以热水略烫以后，浸入冰水中急速冷却，取出切片，即会表面熟、内部生，这样的口感与味道，自然是另一种感觉。日本的刺身料理，通常出现在套餐中或是桌菜里，同时也可以作为下酒菜、配菜或是单点的特色菜。在中餐里，一般可视为冷菜的一部分，因此上菜时可与冷菜一起上桌。因为原料是生的，外形很好看，故饭店一般都会在冷菜的边上单独划出一间玻璃房，以让厨师在里面现场切装盘制作，这也成了许多中餐馆的一道风景线。

10.2.4　刺身营养成分

生鱼片的营养价值真的很高，它含有丰富的蛋白质，而且是质地柔软、易咀嚼消化的优质蛋白质。它也含有丰富的维生素与微量矿物质。脂肪含量低，却含有不少 DHA 等的 $\omega-3$ 系列脂肪酸，称得上是营养丰富且容易吸收的好食物。

三文鱼：

（1）富含"脑黄金"的不饱和脂肪酸对胎儿和儿童发育有促进作用。

（2）三文鱼有抗氧化，延缓衰老的作用，可以令肌肤光滑。

（3）富含维生素 A、B、D、E、钙、铁、锌、镁、磷等。

金枪鱼：

（1）鱼肉富含大量不饱和脂肪酸。

（2）有人体所需的 8 种氨基酸。

（3）富含的 DHA 是鱼中之最，是人类大脑和中枢神经系统发育的必要营养素。

（4）含有 EPA：抑制胆固醇增加和防止动脉硬化；对预防、治疗心脑血管疾病有特殊作用。

（5）含维生素和丰富的钙、铁、钾、碘等。

（其他）：

（1）金枪鱼游泳快，最高速可达 160 千米/时。

（2）金枪鱼是热血的（大多数鱼为冷血）。

（3）金枪鱼一餐能吃掉相当于其体重的 18% 的食物，相当于体重 150 镑的男人一餐吃掉带骨的两只大公鸡。

虾：

（1）海虾富含三种重要的脂肪酸，能使人长时间保持精力集中。

（2）增强人体免疫力和性功能，补肾壮阳，抗早衰。

（3）常吃鲜虾，温酒送服，可治肾虚阳痿，畏寒，体倦，腰膝酸痛等。

（4）虾皮有镇静作用，常用来治疗神经衰弱。

（5）丰富的矿物质（钙、磷、铁等），含碘和蛋白质，对人类健康有益。

章鱼：

章鱼性味甘、咸、平。能补血益气，催乳生肌，与墨鱼相似。

加吉鱼：

（1）加吉鱼煨汤味道鲜美，且可解酒。

（2）加吉鱼可"一鱼两吃"，加吉鱼头含有丰富胶质和大量脂肪。

鳗鱼：

（1）含很稀有的西河洛克蛋白，具有良好的强精壮肾的功效，是年轻夫妇，中老年人的保健食品。

（2）富含"脑黄金"的 DHA 和 EPA，比其他鱼类高，对预防心血管疾病有重要作用。

（3）富含钙质，常食能使血钙值有所增加，对预防骨质疏松有一定

效果。

（4）鳗鱼的皮，肉有丰富的胶原蛋白，可以养颜美容，延缓衰老，称为"可吃的化妆品"。

（5）有补虚养血，祛湿，抗痨等功效，是久病、虚弱、贫血、肺结核等病人的良好营养品。

（6）鳗的肝脏含有丰富的维生素 A，是夜盲人的优良食品。

海胆：

（1）海胆卵所含的脂肪酸对预防心血管疾病有很好的作用。

（2）中医认为海胆卵有味咸，性平，具有软坚散结，化痰消肿之功效。

（3）海胆以其生殖腺供食，其生殖腺又称海胆卵，海胆籽，海胆黄，色橙黄，味鲜香，占海胆全重的 8%～15%。

赤贝：

（1）食用贝类，常有一种清爽宜人的感觉，对解除一些烦恼症状有益。

（2）高胆固醇，高血脂体质的人及患有支气管炎、胃病的人尤为适合食用。

（3）为发物，有宿疾者应慎食，贝类性多寒凉，脾胃虚寒者不宜多吃。

飞鱼子：

（1）飞鱼学名燕鳐，又名文鳐鱼。飞鱼子（卵）的营养价值高于飞鱼本身。

（2）飞鱼初夏产卵，我国主产南海和东海南部，海南岛东部和南部海区产量较多，4～5月为捕捞旺季。

扇贝：

（1）扇贝刺身料理带来了纯粹清甜的海洋般鲜美味道，是高蛋白、低能量的健康食品。

（2）扇贝是我国沿海的主要养殖贝类之一。中国人所食用的扇贝主要来自广东地区。

北极贝：

（1）北极贝在 50～60 米的深海底缓慢生长，耗时 12 年，因而形成天然独特的鲜甜味道。

（2）捞获后的北极贝直接在船上加工灼熟，并急速冰冻处理，解冻后即食。

（3）北极贝脂肪低，营养价值高，富含铁质，可抑制胆固醇。

（4）对人体有良好的保健功效，有滋阴平阳、养胃健脾等作用，是上等的食品药材。

三文鱼籽：

（1）富含不饱和脂肪酸。能有效降低血脂和血胆固醇。

（2）所含的奥米 GA-3 脂肪酸能增强脑功能，防治老年痴呆和预防视力减退。

（3）能有效预防糖尿病等慢性疾病的发生；常食用能有效地降低高血压和心脏病发病率；对预防和治疗关节炎和乳腺癌有益。

（4）鱼肝油中富含维生素 D 等，能促进机体对钙的吸收利用，有助于生长发育。

10.2.5　刺身佐料

刺身的佐料大致有这样几种：酱油，山葵泥（浅绿色，类似芥末，日语称为 wasabi），醋，姜末，萝卜泥，酒（一种"煎酒"）。在食用动物性刺身时，前两者几乎是必备的，后数者则视地区不同以及各人爱好和食欲特色增减。酒和醋在古代则几乎是必需的。有的地方在食用鲣鱼（katsuo）时使用一种调入芥末/芥子泥的酱油。在食用鲤鱼、鲫鱼、鲇鱼（ayu）时放入芥子泥、醋和日本黄酱（miso，汉字"味噌"），甚至还有辣椒末。

10.2.5.1　山葵

山葵又名绿芥末、青芥辣，取名绿芥末正是有意要与中国传统的黄芥末区别开。虽然两者都有类似的冲和辣，但却来自不同的植物。黄芥末是植物的种子，山葵则是植物的根。山葵用汉语音译为"瓦沙比"。瓦沙比含有烯丙基异硫氰酸化合物，也就是其独特的香味和充满刺激辣呛味的来源，它能除去鱼的腥异味，并有杀菌消毒、促进消化、增进食欲的作用。山葵的栽培很讲究，它生长在山谷的溪水田里，并且必须是朝北的山谷，不能有直射阳光。那里的环境还不能有丝毫的污染，否则山葵难以成活。山葵的生长周期很长，一般要四年才可以收获。为了不损伤山葵枝，摘取时必须用手去完成。山葵的枝丫和叶子，都是做芥末酱的材料。山葵酱有膏状、粉状和泥状三种。泥状的山葵酱来自于现磨山葵，是将新鲜山葵洗净后，用细眼刨茸器

刮擦成茸，或以鲨鱼皮作砂皮，摩擦成茸，泥状的口味最好。泥状的山葵酱可以捏塑各种形状，如秋叶形、心形等，然后放在生鱼片旁边，除了起调味作用以外，还能起点缀、衬托的作用，增加美感。粉状的山葵酱要先用水调和以后才能使用，粉和水的比例为 1：2。调和均匀以后，还应当静放 2～3 分钟，以便其刺激的辣呛味和独特的风味产生。不过调好后应当尽快使用，否则辣冲味会挥发。膏状的山葵酱是成品，像牙膏一样，用时挤出即可。山葵酱在使用时，总是与酱油为伴的。山葵酱提供刺激味，解除生料的腥异味；酱油则提供咸味、鲜味，调和整体的美味。酱油有许多品种，从大类上说，有酿造的和人工化学合成的；从口味上说，有浓有淡，颜色也是有深有浅。日本酱油有浓口和淡口之分，中国酱油有生抽和老抽之别。因此，我们在将其与刺身搭配时，最好根据所用原料及客人的口味偏爱而定。刺身原料厚的、大的，酱油就应浓厚一些，反之，酱油则可淡一些。

10.2.5.2　酱油

食刺身时山葵酱要适量，太多只会抢走刺身的原味。由于伴碟里面的菊花、白萝卜丝、紫苏等不只是为了美观，故可用手将菊花瓣撕碎之后放在酱油里，那样可使酱油香一点。

部分刺身也需要稍作加热处理，例如：蒸煮大型的海螃蟹就用此法；炭火烘烤将鲔鱼腹肉经炭火略为烘烤（鱼腹油脂经过烘烤而散发出香味），再浸入冰中，取出切片而成。

如果是夹着白萝卜丝与刺身同吃，不仅可令口感爽一些，而且还可消除刺身的腥味并帮助消化。因为紫苏具杀菌作用，所以可用来包着刺身吃，像包海胆吃的配搭就很好。吃刺身的同时，最好饮冰镇的日本清酒或冰镇的啤酒；另外，享用刺身时不可抽烟，因为烟味总是会影响到进餐者的嗅觉与味觉。

10.2.6　刺身历史来源

中国早于周朝就已有吃生鱼片（鱼脍）的记载，最早可追溯至周宣王五年（公元前 823 年）。出土青铜器"兮甲盘"的铭文记载，当年周师于彭衙（今陕西白水县之内）迎击猃狁，凯旋而归。大将尹吉甫私宴张仲及其他友人，主菜是烧甲鱼加生鲤鱼片。《诗经·小雅·六月》记载了这件事："饮

御诸友，炮鳖脍鲤""脍鲤"就是生鲤鱼。《礼记》又有："脍，春用葱，秋用芥"，《论语》中又有对脍等食品"不得其酱不食"的记述，故先秦之时的生鱼脍当用加葱、芥的酱来调味。《孟子·尽心下》亦有提及脍。曾晳嗜羊枣，而曾子不忍食羊枣。公孙丑问曰："脍炙与羊枣孰美?"孟子曰："脍炙哉!"公孙丑曰："然则曾子何为食脍炙而不食羊枣?"曰："脍炙所同也，羊枣所独也。讳名不讳姓，姓所同也，名所独也。"这也是成语"脍炙人口"的由来，原意是指脍炙的美味，后来指作品受欢迎和为人熟悉。

刺身是日本料理中最具特色的美食。据记载，公元 14 世纪时，日本人吃刺身便已经成为时尚，那时的人用"脍"字来概括刺身和类似刺身的食品。当时的"脍"是指生的鱼丝和肉丝，也可指醋泡的鱼丝和肉丝，而那时刺身只是"脍"的一种烹调技法。直到 15 世纪，酱油传入日本并被广泛使用以后，刺身才逐渐蘸酱油。

sashimi（刺身）一词是日本室町时代（1392～1573 年）开始产生的。关于这个词的来源有许多种说法：

一种解释是"刺身"是 tachimi 的转音。tachi 是日本的刀的称呼（《言元梯》）。

一种解释则认为"刺身"是"左进"之义。（《黄昏随笔》）"左"的音读是 sa；"进"的音读是 shin。富山县正好把"刺身"读成 sashin。

一般的解释是："刺"为切成小块或薄片，或解释为切成并摆放成拼盘。至于"身"则大多解释为肉。

另一种解释是："刺"是串起来的意思，因串起鱼腮而得名；而"身"就是腮的称呼。

此外，还有将"刺身"解释为覆盖品，因切成薄片的鱼肉可以在做寿司时覆盖其上而得名。

1954 年 12 月 21 日郭沫若曾在日本《朝日新闻》上发表《刺身论》。他认为：sashimi 是来自中国语的"三渗"。所谓三渗可能就是用酱油、醋和生姜汁三种来食用生鱼片。他说：samsham（三渗）的发音因日本人不能发鼻音而说成 sashimi。正如日本人把"甘"（kam）发成 ama，把"暗"（am）念成 yami 那样。这个解释十分符合郭沫若浪漫和想象力超常的特点，可惜的是，至今还没有发现什么具体的材料可以支持他的说法。

比较有价值的是日本安田德太郎的在《〈天孙族〉附表》中的考证，他

指出："肉"在马来地区的 Suman 语里称为 sich，在 Sakay 语里是 sach，在喜马拉雅地区的 Repucha 语中则是 manasich，sach 可以同 sashimi 中的 sashi 相联系，man 则可以同 sashimi 中的 mi 相联系。他认为在这前后两种语言里存在着日语 sashi 和 mi 的来源。

10.2.6.1　名称由来

关于中国食用生鱼片的记载，最早追溯至东汉赵晔的《吴越春秋》，据《吴越春秋·阖闾内传》所载，吴军攻破楚郢都后，吴王阖闾设鱼脍席慰劳伍子胥，吴地才有了鱼脍，当时是西元前 505 年。虽然《吴越春秋》的内容，许多来自民间传说，不全可信，但在没有其他资料的情况下亦可作为参考。

秦汉魏晋南北朝，秦汉之后，牛、羊等家畜和野兽的脍渐少见，脍通常都是鱼脍，又衍生出一个"鲙"字专指生鱼片。"脍"和"鲙"经常混用，但不可与表示用火加工食物的"烩"字混淆。

东汉时，广陵太守陈登很爱吃生鱼脍，因为过量食用而得肠道传染病及寄生虫一类的重病，后经名医华佗医治才康复，但他康复后仍然继续吃生鱼片，终因为贪吃生鱼片而死。

鱼脍在古代是很普遍的食品，东汉应劭在《风俗通义》收录了各地的风俗习惯和奇人奇事，其中一条是："祝阿（今山东齐河县祝阿镇）不食生鱼。"代表了应劭认为不食生鱼是奇风异俗。祝阿人这个习俗一直坚持到隋朝，在《隋书·地理志》中亦有记载。

三国魏的曹植也喜欢吃生鱼，他的《名都篇》里有："脍鲤臇胎虾，炮鳖炙熊蹯"，把鱼生蘸着小虾酱吃。

"脍"是指生的鱼丝、肉丝，也可指醋泡的鱼丝、肉丝。而 sashimi（刺身）在那时只是指"脍"的一种烹调技法。只是到了酱油传入日本并广泛使用后，"刺身"（sashimi）才发展成指称类似刺身的名称。

10.2.6.2　刺身的书写形式

"刺身"二字是用训读汉字书写的形式；古时也常用假名书写（如《御汤殿上日记》文明十五年十月一日，即公元 1483 年）。前两个音节 sashi 用"刺"来书写。最初写法并不稳定，古代曾经使用过"指味、差身、差味、

差酢、刺子、刺躬"，读音都是 sashimi，较多的是用"指身"来书写（见《铃鹿家记》，应永六年，即公元 1399 年）。"指"读音也是 sashi；后来觉得与"指"无关，而是动刀子的，于是找到了有立刀旁的"刺"，也就把 sashi 解释成"切拼盘"和"切好并摆好"。这确乎有点俗词源学的味道。后一个音节 mi 倒是多用"身"来书写，意思是指肉。至于用"味"来书写，则显然也是望"音"生义的想当然。

10.2.6.3　刺身的异名

"刺身"原是关东地区的称呼，有的时候也被称为"uchimi"（"打身"，意为覆盖物）和"tsukurimi"（"作身"，意为拼盘，是关西的一种称呼，一般简单称为 tsukuri，也可称为 tsukuritoiu）。

至于"刺身"一词在日本还有多种方言的语音变异，如：富山县的 sashin 和 shyashin，八丈岛的 sasumi，静冈县、鸟取县的 shyashimi。

10.2.7　海鲜烧烤

10.2.7.1　烤鲍鱼

鲍鱼宰杀前先用 80℃ 的水烫一下，这样去壳更容易，去完黏液后再剞花刀，使鲍鱼更易入味。另外，注意烤鲍鱼的时间不能太长，否则易烤老。

技术关键：（1）腌渍好的鲍鱼烤之前要加点黄油，可增加香味，也使烤过的鲍鱼表面不干。（2）烤鲍鱼时一般底火 120℃，面火 200~220℃ 时放入，烤 4~5 分钟，当看到鲍鱼表面变色，差不多熟的时候，把烤箱门打开通风，再烤 1 分钟，鲍鱼边角略卷起即可。通风可使鲍鱼表面的酱汁迅速凝结，形成一个焦皮，口感非常好。（3）烤鲍鱼时要时刻注意鲍鱼颜色的变化，防止鲍鱼烤老。当鲍鱼颜色变至金褐色时，鲍鱼就会嚼不动，不鲜嫩，烤至浅褐色时为宜。原料：活鲍鱼仔（如桃核大小）8 只，冬瓜 80 克。

调料：家乐牌冬阴功酱 20 克（泰国风味，酸辣，酱黄色），味精 5 克，蚝油 10 克，黄油 10 克，花雕酒 5 克。

制作：（1）将鲍鱼打开取肉洗净，放入冬阴功酱、蚝油、味精、花雕酒腌渍 10 分钟。（2）将腌好的鲍鱼取出（不要将表面的酱料洗净），放入洗净的鲍鱼壳中，淋少许黄油，放入烤箱中，底火 120℃，面火 220℃ 烤 6 分

钟取出。（3）将冬瓜做成鲍鱼托，另起锅，放入100克高汤，加5克生抽及10克鲍鱼汁调味，放入冬瓜，小火煨上色，如图装盘，将汁水勾芡淋在冬瓜上即可。

创意由来：小鲍鱼仔常见蒸、炖汤等做法，一只仅能卖到8元，而烤鲍鱼做法少见，同时烤出的鲍鱼有股特殊的浓香，腌渍鲍鱼的酱料烤好后，在鲍鱼表面形成一个焦壳，口感和味道都很好，可以一只卖到28元，在酒店一天能卖70~80个，比蒸或者炖汤销量好得多。

王振庆试制点评：烤鲍鱼方法很新，烤制过程比较专业，烤制的时间没有问题，鲍鱼烤出来后外皮焦香，很好吃，可直接上桌，不必加冬瓜装盘。

10.2.7.2 烤扇贝

原料：北极贝10只。

调料：鲍汁10克，豆豉（剁碎）15克，乾隆汤王10克（可用其他品牌低价格汤王代替），鸡汁10克，味精5克，胡椒粉3克，料酒10克，黄油5克。

制法：（1）将贝壳打开，取肉洗净，壳内也要清洗干净。（2）将贝肉加入鲍汁、豆豉、汤王等调料腌渍5分钟。（3）将腌好的贝肉带豆豉等调料一起放入贝壳内，再放到烤架上，用炭火烤制3分钟（单面烤制不用翻面）即成。

技术关键：烤北极贝的时间不能太久，3分钟即可。如果烤生蚝就要烤6分钟，扇贝烤制时间为2分钟，鲜带子为1.5分钟。

味型：豆豉味。

注：用同样方法可以烤出剁椒味、麻辣味、孜然味等，烤制方法同上，烤料如下——孜然粉10克，排骨酱10克，白胡椒粉5克，花生酱5克，去皮熟芝麻2克，鸡汁10克。

XO酱味：XO酱15克，花生酱5克，海鲜酱10克，蚝油5克，汤王15克，鸡汁10克。

麻辣味：麻辣酱15克，花椒粉5克，辣妹子酱10克，美极鲜酱油8克，鸡汁10克。

剁椒味：剁椒20克，蚝油10克，姜蒜末各5克，鸡汁10克，美味鲜酱油8克。

谢文兵点评：何智奇师傅的制作和我基本相似，但他是单面烤的，我是两面烤，总时间会比单面烤略短，两面烤出来焦香味更浓一些。

10.2.7.3 烤生蚝

（1）亮点：加入酱油，吃起来有酱香味，而不是传统的姜蒜味。

（2）原料：生蚝6只（进口），蒜末30克，姜末15克，葱白（碎）15克。

（3）调料：盐3克，味精2克，花雕酒5克，海天海鲜酱油5克，胡椒粉0.5克，色拉油30克，香油5克。

（4）制法：1）生蚝开壳取肉，用手轻轻搓洗生蚝肉，冲净里面的泥沙。2）锅入色拉油，放入蒜末、姜末小火煸出香味，烹入盐、味精，花雕酒、酱油、胡椒粉、香油调匀，即为烤汁。3）将洗干净的生蚝装入壳中，再放到炭火炉上，烤至生蚝肉边起泡（约1分半钟），再继续烤半分钟，呈白色略带嫩黄。生蚝肉翻面，随即淋入烤汁。按同样方法烤另一面，烤好后淋烤汁上桌即可。

注意：烤生蚝选炭很重要，一定要用大块、正品的木炭，这种炭乌黑发亮，炭贡较硬。

（5）味型：酱香，蒜蓉味，可根据客人需要蘸食不同酱料。

注：以上是蒜蓉口味的炭烤生蚝，现在市场上提供的烤生蚝的烤汁也很多，如：黑椒汁、日式烧汁等，可以利用这些成品烤汁烹调各种口味的生蚝。但是还会有很多客人反映菜品口味单调，于是又调了三种口味的酱，客人可以根据口味，将烤好的生蚝再蘸酱食用。

1）麻辣酱。

①配料：柠檬汁25克，番茄酱8克，辣椒酱4克，黑胡椒粉3克，蚝油5克，辣椒粉5克，黄酒6克，红糖6克，蒜末3克。

②制法：将所有材料混合均匀即可。

2）五味酱。

①配料：酱油10克，香油10克，黑醋8克，白醋8克，番茄酱12克，蒜蓉5克，姜末4克，辣椒粉4克。

②制法：将所有材料混合均匀即可。

3）蒜泥酱。

①配料：蒜蓉 8 克，酱油 10 克，味精 2 克，花雕酒 3 克，白醋 3 克，细砂糖 4 克，胡椒粉 2 克。

②制法：将所有材料混合均匀即可。

③何智奇点评：生蚝的烤制和酱料我都试制了，均不错，生蚝两面烤共需要用 4 分钟才能烤好，两面金黄焦香，如果一面烤的话，要烤 6 分钟，这样一面干香，一面焦香。对于炭烤北极贝，何智奇师傅提供了他的制作方法。在何智奇师傅的店里以前也没有上过炭烤生蚝、北极贝等海鲜，但是现在杭州大街小巷都在风靡，所以该店也专门开辟了烧烤厅，生意非常火，天天爆满。

（6）其他做法。

主料：生蚝。

调味料：新西兰黄油、蛋黄一个、法芥、白酒醋、盐、玛祖里拉芝士、柠檬汁 2 滴、少许胡椒粉。

10.2.7.4　烤鱿鱼、铁板鱿鱼

（1）酱料：将 500 克甜面酱纳入盆中，往里加入柱候酱 200 克，海鲜酱 250 克，沙茶酱 150 克，蚝油 100 克，再往里加白糖 100 克，十三香（王守义牌）15 克，香油 50 克，葱油 150 克，清汤 300 克，搅和在一起，上打保鲜膜入蒸柜蒸 45 分钟即可。也可以用锅熬制 25 分钟，不过往里加水要多一些，在 1 斤左右，切忌熬出来的酱汁过稠，不便刷酱。

（2）味料：往 500 克干辣椒面中加入精盐 70 克，味精 35 克，白糖 50 克，陈皮粉 35 克，孜然粉 120 克，小茴香粉 20 克，沙姜粉 15 克，五香粉 10 克，胡椒粉 20 克都混合均匀即可。

（3）烤制：将鱿鱼筒、头、须去除上面附着的黏膜，分别将鱿鱼筒、头改刀成 4 厘米×4 厘米见方的块状，用竹签串上；鱿鱼须改刀成 7 厘米常的段，横着从须的一端串上。厚一点的铁板用火烧热，刷油，放上鱿鱼串，在串上再刷上酱汁，然后翻面在这面也同刷上酱汁，同时要用带把柄的手铲摁压鱿鱼串，使它与铁板能够亲密接触，成熟较快，待快好时撒味粉即可。若不吃辣的，要重刷酱汁，单独撒味盐、孜然粉就可以了。

10.2.7.5　烤酱的制作

（1）铁板鱿鱼酱汁：家乐海真酱75克，海鲜酱200克，柱候酱75克，黑椒酱50克，蚝油50克，顶好花生酱50克，蜂蜜50克，肉酱50克，日本烧汁75克，将上述几种酱料搅匀，放锅中上火熬匀即可。

（2）秘制烤鱿鱼酱：将500克蒜蓉辣酱纳入盆中，往里加入甜辣酱100克，韩式辣酱100克，鲜贝精50克，蚝油100克，十三香（王守义牌）15克，料油50克，葱油50克，料酒100克，搅和在一起，封保鲜膜入蒸柜蒸45分钟即可。也可以用锅熬制25分钟，不过要往里加少许水，在200克左右，切忌熬出来的酱汁过稠，不便刷酱。

10.2.7.6　炭烤螃蟹

方法一：

（1）原料：鲜活北海花蟹一斤（3只），姜片20克，荷叶1张。蒜蓉4千克，生姜末1千克。

（2）调料：料酒10克，阿里妈妈海鲜烧烤金银蒜蓉酱20克，花生油50克。海鲜烧烤金银蒜蓉酱配方。

（3）调料：花生油2.5千克，香油500克，五香粉20克，十三香20克，盐150克，味精150克，鸡粉100克，白糖20克。

（4）制作：将花生油烧至150℃，倒入蒜蓉2千克、生姜末，小火将蒜蓉炸至金黄色，加入清水半斤，下五香粉、十三香、盐、味精、鸡粉、白糖调味，小火熬至水干后，再放入另一半生蒜蓉，加入香油，熬开出锅即可。

（5）产品特点：海鲜烧烤金银蒜蓉酱适用于蒸、烤、铁板等海鲜菜品的制作，口味蒜香滑嫩。因酱内已经有花生油和香油，所以烤时海鲜不会糊。

（6）制作方法：1）将活蟹清洗干净，去掉肚子上的脏污，将壳打开2/3（不要全部拆下来），去鳃。2）将姜片、料酒放入蟹壳内腌制10分钟待用。3）用荷叶将蟹腿包好，外面再包上锡纸（这样可以防止蟹腿烤干，而且还可以出荷香味）。4）将阿里妈妈海鲜烧烤金银蒜蓉酱放入蟹壳内。5）无烟炭烧红（无明火），将腌制好的花蟹外面刷花生油，放入烧烤夹烤制3分钟，翻身，再刷油，继续烤3分钟，即可入盘。

方法二：

（1）烤盐焗蟹创意：活蟹放入蔬菜水中腌一晚上，将汁水的香味尽数吸入，第二天取出烤制，既有烧烤的特殊香气，又保持了蟹肉的鲜美口感。

（2）原料：河蟹 4 只。

（3）调料（腌 50 只蟹的量）：葱姜蒜各 250 克，芹菜粒 250 克、洋葱粒 250 克，干百里香末 5 克，盐 500 克，味精 250 克，鱼露 50 克，玫瑰露酒 20 克，白酒 50 克，水 2 千克。

（4）制作：1）将以上调料拌匀，放入活蟹腌制 12 小时（提前腌一晚上即可）。2）取烤盘，放入洋葱丝 10 克，葱丝、香菜各 5 克，放上腌好的蟹，入烤箱（上火 250℃，下火 125℃）烤 10~15 分钟，烤成金黄色即可，每烤 5 分钟左右取出刷一遍色拉油，有助于上色。将烤好的蟹装入盘中，淋玫瑰露酒即可（也可装入烧热的铁板上，底下垫一层洋葱）。

（5）味型：咸鲜，突出蟹的鲜味。

（6）技术关键：绍兴饭店一般每次腌 50 只蟹，腌蟹时采用东北醉蟹的腌法，多加水、少放白酒、玫瑰露酒，可以将各种调料的味道充分融合，一般腌 4~5 小时后蟹会死。

参 考 文 献

[1] 何晓颖.海岛城市的海鲜美食旅游精品开发与研究——以舟山群岛为例［J］.时代经贸（下旬刊），2008（4）.

11 海岛休闲渔业症结及解决方案

  休闲渔业是对渔业生产的补充，是对渔业资源的综合利用，是在渔业资源锐减的情况下，充分利用现有的生产工具和海洋渔业资源，开拓出来的一条新路子，是实现渔业产业结构调整的战略选择，因此从隶属关系上看，休闲渔业应是渔业的一种新形式，生产者也多是原来的专业渔民。休闲渔业涉及出海捕捞和近海垂钓，使用的生产工具和生产方式都有其特殊性，必须在符合渔业生产和渔业资源环境的前提下，因地制宜地设计休闲渔业项目，建造配套设施，以休闲渔业来促进当地的渔业生产，才可打开海岛休闲渔业的症结。

  休闲渔业是一项新兴的旅游资源，若将新颖健康、安全的设计融入，将大大吸引游客前来度假娱乐消费。休闲渔业提高了渔业的比较利益；为水产动物的销售开辟了很好的渠道；调动了农民的投入热情，致富了农民。发展这项新兴产业，是我国发展社会主义市场经济，拉动内需，丰富人民生活，提高人民生活质量的客观需要，也是渔业经济发展的内在要求和动力。我国疆域辽阔，拥有长距离海岸线，渔业渔区有其巨大的特色及优势，发展休闲渔业具有广阔的发展前景。

  舟山群岛新区作为中国唯一海岛型城市，其海洋资源丰富，区位条件优越，并有国家级海洋综合开发试验区建设的利好。杭州湾跨海大桥和舟山跨海大桥等的建成通行，不仅仅使"舟楫相渡"成为历史，更使舟山群岛紧密地与长三角融为一体，可见舟山群岛新区旅游产业发展势头强劲。现在休闲渔业的发展已较成熟，但在发展过程中也暴露出休闲渔业的一些问题，这些问题让我们思考，同时也让我们对休闲渔业的发展有了一定的新认识。

11.1 海岛休闲渔业的症结探究

  现今休闲渔业的产量迅猛增长，一些地区的休闲渔业捕捞已超过商业捕捞，并与商业捕捞争夺有限的渔业资源。休闲渔业对渔业资源产生的压力不可忽视。对休闲渔业的管理只控制渔获物，不控制入渔的人数，这种入渔人

数的增长会对渔业资源产生较大的压力。休闲渔业已占到23%，由于对渔获物大小、数量的限制，导致了入渔者将钓上的鱼扔掉（或放生）的现象出现，使鱼类的死亡率与亚死亡率增加，休闲渔业还造成鱼类体长与年龄结构的降低，由于主要对渔业生物链的顶层进行捕获，改变了海洋生态系统的结构、功能、生产率。

通过制订和实施区域性重要鱼类栖息地法规，制订渔业法律法规和实施许可证制度来规范休闲渔业活动，包括游钓许可证制度等可保护和恢复鱼类栖息地，另外，要特别注意人工鱼礁投放和休闲渔业活动的结合，建造鱼梯以及恢复湿地、红树林和盐沼等，通过对休闲渔业的入渔人数、渔获品种、数量、入渔时间、区域、渔具渔法等加以限制和规范来实现资源保护。此外，对一些优质鱼类品种进行增殖放流来保护鱼类资源，如美国在西海岸进行鲑鱼人工孵化放流，在内陆则以人工繁殖条鲈和虹鳟鱼苗向湖内放流。全面的数据收集和高效的信息管理系统，可以为休闲渔业的健康发展和有效管理提供技术保障和支持。

11.2　我国休闲渔业的可持续发展对策

如何解决休闲渔业发展中暴露出的问题，需要我们对休闲渔业的发展要保持正确的认识。我们既要看到休闲渔业提升中国人民群众的生活水平、文体层次和精神修养，转移中国海洋捕捞过剩的劳动力和渔船，延长渔业产业链，提高渔产品的附加值，加快增长渔村与渔民的经济收入等作用，还要看到休闲渔业成功发展之后所带来的生态与经济等问题。从20世纪80年代游钓业兴起开始，如何合理使用休闲鱼种，保护鱼类资源以维持最大可持续产量；如何保护和恢复鱼类生境，控制污染物排放；如何防止外来物种侵害等休闲渔业的问题不断暴露，只有我们开始对休闲渔业进行正确的引导，才能避免出现其他国家与地区休闲渔业所出现的问题，也能避免产生在近海捕捞业中所出现的对渔业资源严重破坏的问题。世界上一些主要渔业国家在休闲渔业的发展和管理上已经积累了许多成功经验，我们可以学习借鉴以促进我国休闲渔业的健康和可持续发展。

法制建设是保护渔业环境和资源、管理休闲渔业的重要手段，对休闲渔业的管理要"依法治渔、依法兴渔"。根据我国的休闲渔业发展现状，政府部门应在已有的渔业管理法律法规（如《渔业法》《渔业船舶检验条例》

等）以及各地区制订的一些专门针对休闲渔业的地方性法规等的基础上，加强相关法律法规的制订和实施工作。法律条文不仅要定性，还要定量，增加诸如休闲渔业配额，个人渔获配额，入渔人数等量化指标。此外，要规范休闲渔业项目的审批手续，既要控制数量，又要控制质量，休闲渔业项目的设计应充分考虑当地的环境和资源条件，严格限制发展小规模和粗放式休闲渔业项目，禁止发展对环境和资源有严重破坏的项目。对休闲渔船要落实安全航行、作业和防止环境污染的技术条件。政府部门也要定期对已有项目进行监督检查。全面和高效的信息管理系统，是实现科学管理休闲渔业的基础和保障。我国休闲渔业信息系统可包括以下一些功能模块：信息收集模块、休闲渔业资源、入渔人数、渔获物和收入的数据信息。

11.3 发展可持续休闲渔业的意义

我国尚处于休闲渔业发展的初级阶段，要实现休闲渔业的良性发展，必须看到当前休闲渔业发展中存在的问题，采用基于可持续渔业理念的休闲渔业管理，可以有效地保护和提升休闲鱼种资源量和其栖息地，使原本日趋衰退的渔业资源得到恢复，确保休闲渔业的健康、稳定发展。在科学发展观指引下，在有关政府部门的大力支持和引导下，以市场需求为导向，以保护渔业生态环境、发展渔业生产力、优化渔区产业结构、繁荣渔区经济为指导，从实际出发，发挥各地的自然资源优势，建立起适应不同层次、不同类型的休闲渔业景区。

在休闲渔业的开发中注意与传统渔业的协调，控制入渔人数，避免休闲渔业过度占用传统渔业资源，形成可持续的休闲渔业发展模式，有利于丰富渔业的经济收入模式和提高渔业的经济效益，丰富渔民的收入方式，增加渔民收入，提高渔民的生活水平。休闲渔业着力开发出海垂钓等休闲渔业项目，将渔船转变为游客出海用船，以小投入获取大回报，带动服务业等产业的发展，增加就业容量，有利于优化渔业产业结构，缓解渔区生产和渔业经济的深层次矛盾，有利于充分利用现有渔港等渔业设施，充分发挥渔民的专业技能，增加海岛渔村的对外开放，促进渔区与其他地区的经济交流，增加渔区的知名度，有利于创建美丽新渔村。目前，我国休闲渔业还在不断探索和发展中，会向着健康、安全、可持续的方向发展，会为构建和谐社会，渔业经济甚至国民经济做出贡献。

参 考 文 献

[1] 卢飞. 基于满意度的休闲渔业体验研究 [D]. 青岛：中国海洋大学，2009.

[2] 沈蔚. 休闲渔业文献综述 [C]//中国海洋学会 2013 年学术年会第 13 分会场论文集，2013.

[3] 陈明宝. 休闲渔业资源的价值及评估研究 [D]. 青岛：中国海洋大学，2008.

12 海岛开发成功案例与建议

12.1　海岛开发成功案例

12.1.1　普吉岛

泰国南部岛屿，位于泰国南部马来半岛西海岸外的安达曼海（Anda-manSea）。首府普吉镇地处岛的东南部，是一个大港口和商业中心。普吉岛是泰国最大的海岛，也是泰国最小的一个府。以其迷人的风光和丰富的旅游资源被称为"安达曼海上的一颗明珠"。普吉岛自然资源十分丰富，有"珍宝岛""金银岛"的美称。主要矿产是锡，还盛产橡胶、海产和各种水果。岛上工商业、旅游业都较发达。

（1）自然资源。岛上以种植橡胶为主，还有椰子、稻米和水果，渔业也较发达。橡胶、椰子和稻米也为岛上带来丰富的财源。同时，普吉岛还有五百年的锡矿生产历史，泰国之所以能成为世界第三大锡矿出口国，普吉岛功不可没。

（2）旅游资源。普吉岛的旅游观光业从 1970 年开始逐渐兴起，是东南亚具有代表性的旅游度假胜地。岛的西海岸正对安达曼海，那里遍布原始幼白的沙滩，每个沙滩都有各自的优点和魅力，白色的海滩，奇形异状的石灰礁岩，以及丛林遍布的山丘，每年都吸引了大量旅客。

这里遍布海滩和海湾，有以清净著称的卡马拉海滩，有私密性风格的苏林海滩，有经常举行海上运动的珊瑚岛，还有夜生活较丰富的芭东海滩等。岛上还有很多山，游客可以在岛上乘坐出租车和摩托探险，也可以潜水和乘坐游艇出海。

随着岛屿不断朝高级度假区方向发展，岛上从事旅游业的居民也逐渐增多。北部有向游人开放的菠萝田和橡胶园；此外，游客还能在城内见到保留着欧式风格的家居建筑。

12.1.2　巴厘岛

巴厘岛，行政上称为巴厘省，是印度尼西亚 33 个一级行政区之一，也是著名的旅游胜地。省会设于岛上南部的丹帕沙，距印尼首都雅加达 1000 多千米，与爪哇岛之间仅有 3.2 千米宽海峡相隔，面积约 5630 平方千米，人口约 315 万。

巴厘岛是印尼唯一信奉印度教的地区。80% 的人信奉印度教。通行印尼语和英语，普通话在景点及购物点一般也通行。

巴厘岛上大部分为山地，全岛山脉纵横，地势东高西低。岛上还有四五座完整的锥形火山峰，其中阿贡火山（巴厘峰）海拔 3142 米，是岛上的最高点。沙努尔、努沙-杜尔和库达等处的海滩，是岛上景色最美的海滨浴场，这里沙细滩阔、海水湛蓝清澈。每年来此游览的各国游客络绎不绝。由于巴厘岛万种风情，景物甚为绮丽。因此，它还享有多种别称，如"神明之岛""恶魔之岛""岁曼斯岛""绮丽之岛""天堂之岛""魔幻之岛""花之岛"等。

巴厘岛的开发充分利用了海岛的旅游资源。

（1）海神庙。海神庙（TanahLot）是巴厘岛最重要的海边庙宇之一，始建于 16 世纪，祭祀海神。该庙坐落在海边一块巨大的岩石上，每逢潮涨之时，岩石被海水包围，整座寺庙与陆地隔绝，孤零零地矗立在海水中；只在落潮时才与陆地相连。对岸有小亭可以眺望日落景色，成为巴厘岛的一大圣景。

（2）圣泉。PuraTirtaEmpul（圣泉庙）位于 Ubud 北边的 TampakSiring，寺庙环绕一处圣泉而建。

一千多年来，巴厘岛人认为此庙以及此地两处可供沐浴的地方可求取健康和财富。这里的泉水据称颇具疗效。圣泉庙建筑规模宏大、完整，在这里可以看到巴厘岛所有寺庙的特点。

从古人古老的碑文中得知，TirtaEmpul 在西元 962 年就已建造完成。

（3）乌鲁瓦图断崖。乌鲁瓦图断崖位于巴厘岛最南端。它的背后有一段凄美的爱情悲剧。传说当地有对门户不当的青年男女相恋，女方的父亲是村长，因此两人的爱情得不到任何祝福，在绝望之下双双投海殉情。为此地平添了离奇色彩。在此品着下午茶、尝尝当地特色的点心，断崖、海

洋尽收眼底，无限的瑕意。此地有很多猴子，戴眼镜、手表的游客需注意安全。

（4）金巴兰海滩。金巴兰海滩（Jimbaran Beach）是整个巴厘岛最令人感到亲切的一片海滩。原来这里还是一个小小的渔村，居住着岛上最为纯朴的村民。自从漂亮的饭店盖起来之后，一下子吸引了大批喜欢自然的游客，金巴兰海滩以海上日落著称，难能可贵的是，这些商业行为并没有泯灭小渔村的原本风貌，村民们反而用他们特有的热情和朴实使得整个海滩极具亲和力。海滨内增添了许多宾馆、饭店。在这里傍晚看着落日，听着歌手们演唱各国歌谣，享用烛光晚餐、海鲜烧烤，别有情趣。

（5）库塔海滩。库塔海滩（Kuta Beach）号称巴厘岛上最美丽的海岸，这里的海滩平坦、沙粒洁白、细腻，是个玩冲浪、滑板的乐园。这里附近有热闹的商业街，各色巴厘传统手工艺品、绚丽民族服装展示，而且还有大型百货商店买到各类商品。这里，海滩风急浪高，是冲浪的好地方，深得寻求刺激的年轻一族青睐。

库塔海滩（Kuta）离国际机场约15分钟车程，是巴厘岛游客集聚最多的热闹地区。海滩上有许多小贩，沿街兜售各式各样的商品、T恤以及海滩服饰等。还有数家度假旅馆，不过大多是二、三星级的旅馆。

（6）阿勇河漂流。巴厘岛自费水上活动首推的自然是著名的阿勇河漂流（泛舟）。

阿勇河长11千米，上有22处急流点，两岸均是原始森林的变换景象。漂流公司有很多，漂流时间也各不相同，但是最好选择有保险、专门水上教练陪同的。

（7）爱之船出海。巴厘岛有很多公司提供出海活动，船况、所包含的内容都不相同。但是其中最知名的要数"QUICKSILVER（快银号）""BAUHAI（巴厘海）"。这两家船务公司的爱之船活动内容、价格都差不多。一般安排为全天游（9：15分出海~15：30回来）、黄昏游（18：00出海~20：30回来）。

（8）PadangPadang海滩。PadangPadang海滩（PadangPadang Beach）位于乌鲁瓦图山脚下，也被国内游客称为巴东海滩，这是一个很袖珍的海滩，还没有被完全开发起来，因为旅游团一般不会带游客过去，所以这里基本没有什么商业气息，海滩水清沙白，景色宜人。

12.1.3　斐济岛

斐济岛，又称斐济群岛。位于南太平洋中心、介于赤道与南回归线之间，是纽澳前往北美的必经之地。世界著名的度假胜地、旅游天堂。被誉为"全球十大蜜月旅游胜地之一""全球十大美女海滩之一"。

斐济岛是南太平洋上珍珠般的岛屿，地跨东、西半球，由 333 个岛屿组成，其中 106 个岛有人居住，大部分是珊瑚礁环绕的火山岛。

在斐济，很容易让人发出"天堂不过如此"的感叹。清凉的海风吹拂着，椰林岛上热带树木浓绿成荫，洁白的沙滩，海里奇形异状的珊瑚礁，色彩斑斓的鱼儿将海水搅得五彩缤纷，到处充满热带海洋的原始美感。恐怕除了它再也找不到吸引这么多世界级名人的地方了。世界首富比尔·盖茨选择在这里度蜜月，尼可·基德曼，皮尔斯·布鲁斯南，阿诺德·施瓦辛格都在这里拥有自己的私人地盘。当然，这里还有世界最狂热的名人度假胜地——瓦卡亚（Wakaya）俱乐部。这个岛每次仅能容纳 20 名游客，用豪华水上飞机接送住客。由于住的都是渴望清静的世界级名流，所以这个俱乐部除了设施和服务一流以外，还是严禁摄影、摄像的。

斐济是现代的，更是原始的。就像电视里播放的，斐济的海岸地区多已开发为现代化的休闲度假区，五星级的饭店、豪华俱乐部与酒吧林立，但是岛屿深处的斐济村落却依然保有 20 世纪初期的原始风貌，岛民们依然过着近乎原始而淳朴的生活，青年们也学习着传统的技艺。在斐济，游客可以看到头戴鲜花、笑容灿烂的居民。

大街上那些高大威猛的男警察们居然是穿着剪成三角形的裙子在指挥交通。在苏瓦的大街上，无所顾忌的歌声从那些开着的车窗飘来，那种斐济人的悠闲和随意，或者在我们看来无法理解的无所事事，在这儿显得是那样自然。斐济人最爱说的一句话就是"FiJiTime"，意思是叫你别着急，慢慢来。这里的一切都充满了南太平洋岛国的原始美感。一同出海吧，在那些不知名的小岛，随处可以看到皮肤黝黑的岛民，穿着特有的民族服装，脸上抹着斑斓的油彩，自在地弹着吉他，保持着一份难能可贵的清静。

塔妙妮岛在斐济语中有花园之岛、富庶之岛之意，由大岛搭乘飞机只需 15 分钟即可抵达。东北方有国际换日线通过的子午线纪念碑。另外，观光客可在传统市场里买到富有地方色彩的服饰、印度香料，还有那种斐济人的可

乐——亚格纳（Yagona），辛辣刺激，饮后令人有飘飘欲仙之感。值得一提的是，列雾卡岛，它位于大岛东南侧的欧瓦罗岛上。这里有南太平洋第一座旅馆、斐济的第一份报纸、第一条热闹的夜生活大街……，在这里可以找到属于早期开发的痕迹，充满维多利亚风格的建筑与布置，相当适合散步闲逛。

12.1.4　民丹岛

民丹岛是印尼寥内群岛的最大岛屿，早在 15 世纪，郑和下西洋的记载中就已提及民丹岛。由于离新加坡很近，乘搭渡轮只需 45 分钟，不仅新加坡人把它当作后花园，同时也吸引了很多到新加坡的游客。

民丹岛是印度尼西亚的岛屿之一。它属于廖内群岛的最大岛屿，该岛最大的都市是位于西南方的丹戎槟榔（TanjungPinang）。早在 15 世纪，郑和下西洋的记载中就已提及。由于地理上位于著名的印中海上贸易线的交叉口，曾是马来和武吉士军队权利之争的焦点，与此同时吸引了葡萄牙、荷兰、阿拉伯和英国商人的注意。

民丹岛旅馆区是新加坡向印尼租借的地方（印尼政府将滨丹岛北部计 3200 平方千米，划为特别行政区，并将此特别行政区租予新加坡 80 年），岛上人口约有四十万人，全岛面积 1866 平方千米，区内无当地的住民，离新加坡很近，乘搭渡轮只需 45 分钟。因为地理位置接近赤道，民丹岛终年阳光普照，年平均温度在 26℃ 左右。海水清澈蔚蓝，沙滩白净，海洋生态相当丰富。

岛上有浓绿斑斓的热带植物、银色的绵长沙滩、碧蓝的南中国海、各种国际级度假酒店。岛上的酒店为度假（Resort）形式，休闲设施都相当完善，此外，每家度假酒店都有属于自己的海滩，附属的海上运动中心皆可提供房客们从事各种丰富的海上活动，例如，风帆、橡皮艇、潜水、钓鱼、独木舟和香蕉船等。岛上兴建了多个高尔夫球场，其中更是 27 洞的锦标赛场（包括 18 洞的海景球场与 9 洞的森林球场）。

以下是当地开发出的旅游资源。

（1）野生动物。有银叶猴，各种鸟类，蛇等。银叶猴的身影在枝叶间穿梭、蜥蜴、蛇类在树丛中逡巡，翠鸟、紫鹭在阳光下亮着五彩羽毛；在水下则游弋着礁鱼、弹涂鱼、螃蟹、明虾、龙虾、蜗牛、蛤蜊……真是一堂不可

多得的生物学和生态学教程。

（2）当地民居。客龙人把房子建在水上。当地居民在红树林建筑房屋，捕鱼。

（3）民丹红树林。可以在各旅馆设有的接待处预定，往返及保险费用包括在游览费中。有专车到各旅馆接送，2人以上发车，全程约2小时。

"红树林"实际上是一处原始丛林区，外观一片深绿色。据说只有乘船沿着一条名叫思梦河的河道，驶进丛林深处，剥开万年古树的表皮，便能看红色树干。思梦河全长6.8千米，两岸丛林较稀，离开出海口越远，河道越窄。当地马来土著的小船就是从小河道驶出海捕鱼捉蟹的。我们上了摩托小艇后，小艇飞快地直驶丛林深处。一路上，看到岸上丛林中有好几处马来渔民搭建的简陋木屋。小艇开了约半小时后，河道明显变窄，丛林越来越密，树丛中不时出现攀在树枝上的热带稀有动物银叶猴。船老大用船头撞擦树身，撞了几下，树皮脱落，露出的树干果然血红血红。银叶猴似乎对小艇的动作已经见多不怪，若无其事地依然在树上跳跃觅食。当小艇返航到中途时天色已晚，夜幕渐渐笼罩丛林，成千上万个上下飞舞的光点在丛林中时隐时现。这是萤火虫在交友，如果两只萤火虫双双飞到丛林上空，就说明它们相互看中，进入了"蜜月期"。情人夜探红树林，最能领略此时意境。

（4）海边SPa。当地马来按摩师的技术也相当棒，她们先用浸有药草的温水去除客人体表角质，再用热带精油涂抹颈部、背部、腰部和肩膀、手臂。手法以指压为主，由上而下，指尖压力逐步加重，继以啄、摩、擦、揉、劈、拍。按摩之后浑身舒畅、神清气爽、畅快不已。

（5）椰风蕉雨。民丹旅游区位于民丹岛北端，所住的娜湾花园度假村酒店极具南洋情调，大大小小的亭阁、长长短短的走廊采用褐色木结构，亭、廊为南洋花丼簇拥，清新的空气中洋溢着淡淡的清香。

12.1.5　塞班岛

塞班岛，西太平洋北马里亚纳群岛一岛。最高点塔波乔山海拔466米。1565~1899年受西班牙统治。1899~1914年属德国。1920年日本占领。1944年被美军占领，成为重要的空军基地。1962年成为太平洋岛屿美国托管地的首府。现主要出产椰干，亦产芋、木薯、薯蓣、面包果及香蕉，设商船坞和国际机场。人口约52200人（2010年）。2009年11月28日，美国联

邦政府接管北马里亚纳群岛的移民事务。

"天生丽质难自弃"，塞班岛就是一个风情万种的佳人，玻璃般的海水，妩媚动人的密克罗尼西亚女郎与土风舞，以及浪漫而令人兴奋的沙滩烧烤PARTY……

塞班岛以富有变化的地形以及超高透明度的海水令潜水族们一展身手，被誉为世界第一潜水圣地。

除了浮潜和潜水，还可以选择钓鱼、冲浪、直升机、乘船出海、丛林探险、潜水艇、水上降落伞各类水上活动。此外，塞班岛更设有四个世界级高尔夫球场及两个小型高尔夫球场，都融合了塞班岛的热带美景，环境优越，是球手极富挑战性的场地，适合不同程度的高尔夫球手。

喜欢浪漫的游客可以尝试塞班岛著名的夕阳晚宴，晚霞满天的时刻搭乘游船出海，在塞班岛的夕阳下享受塞班美食；喜欢热闹的游客，不妨前往超级水上乐园，游一圈要花上 15 分钟的河流式泳池、刺激的冲浪池、人造海浪等相当过瘾的水上活动设施，还有有趣的水中有氧运动、水上排球等五花八门的玩水招式。观光景点也有多种选择，可以参观军舰岛、日军投海的万岁崖以及自杀崖，还有日军最后司令部等，都不失为具有历史意义的景点，值得一看。

塞班岛因其"四季常夏""七色海水""美属海岛""4 小时直飞""免签入境""免税购物"等众多特有旅游资源，在中国出境旅游的众多海岛目的地中异军突起，成为中国游客"家门口"最喜爱的太平洋海岛度假乐园。

12.1.6 夏威夷岛

夏威夷岛是北太平洋夏威夷群岛中的最大岛，美国夏威夷州的一部分。面积为 10458 平方千米。人口为 148677 人（2000 年），呈马鞍形，多火山。南面有冒纳罗亚火山，海拔 4176 米，北面有冒纳开亚火山，海拔 4205 米。冒纳罗亚火山口直径达 5 千米，常有熔岩喷出，是世界著名的活火山之一。

（1）奇观景象。夏威夷岛也称"火山岛"，与其他岛相比，她是一个还在成长中的巨人。传说火山女神培蕾（Pele）居住在夏威夷岛。该岛由五座火山组成，其中两座是蓄势待发的活火山，即冒纳罗亚（MaunaLoa）和克拉

维亚（Kilauea）。克拉维亚火山几乎每年喷发，1986年的一次喷发给大岛又增加了17英亩的新土地。冒纳罗亚也不定期地喷发。岛上1916年建立的国家火山公园是主要的景点，公园内有各时期喷发的火山口。悠闲的旅行者值得花一天的时间好好探索这个22万英亩大的公园。

大岛的火山喷发气势磅礴，蔚为壮观，称得上是造物主的伟大杰作。与地中海及太平洋边缘的火山喷发不同的是，大岛的火山喷发并不危险，反而吸引游客前往观赏。冒纳罗亚火山是世界上最大的活火山，平均每3年半喷发一次，最近的一次是在1991年。喷发时，红色的熔岩喷起几十米高，岩浆像一条火龙，以无可阻挡之势，浩浩荡荡奔向大海，所经之处，木石俱焚。火热的熔岩碰到海水，伴随嘶嘶作响的蒸气，投入永恒的海洋。在这水与火的搏斗中，诞生了世界上最新的土地。幸运的游客如逢火山喷发，可以乘直升机居高临下观赏火山喷发和熔岩滚滚流动的场面，此情此景令人终生难忘。

即使赶不上火山喷发，看看不同时期喷发的一个个火山口和熔岩流过的土地也一样难以忘怀。火山口往往有几十到上百米深，直径上千米，黑洞宛如巨型铁锅，散发出刺鼻的硫磺气味。熔岩冷却凝固后，像是被挤出管子的颜料，乌黑油亮，一望无际。"长风吹白茅，野火烧枯桑"，劫后余生的枯树干和茅草在风中飘摇。这里寸草不生，鸟兽绝迹，没有一丝生命的气息，时光仿佛倒退了成千上万年。随着岁月的流逝，熔岩开始风化，生命力旺盛的植物重新生根发芽。几百年后，熔岩流经的地方又是植物茂盛，森林浓密。夏威夷只有两种当地特有的较高等的哺乳动物。一种是小型的白毛蝙蝠（Lasiurus Cinereus），另一种是海鱼卢。今天在夏威夷岛的火山口附近，入夜以后依然可见白毛蝙蝠翩翩盘旋。夏威夷群岛多为坚硬的岩石和珊瑚礁构成，结构紧密，地下的地壳构造运动非常缓慢。虽然火山喷发往往伴随着地震，但是人们能感觉到的为数极少。

（2）冒纳罗亚火山。冒纳罗亚火山位于夏威夷群岛的中部，海拔4170米，从海底算起高约9300米。其山顶常有白云缭绕，忽隐忽现。岛北冒纳开亚山海拔4205米，是夏威夷的最高峰。世界最高的天文台，就设在此山的顶峰。

冒纳罗亚火山是一座活火山，在过去的200年间，约喷发过35次。至今山顶上还留有好几个锅状火山口和宽达2700米的大型破火山口。1959年

11 月，莫纳罗亚火山再次爆发，当时沸腾的熔岩冒着气泡从一个长达一公里半的缺口处喷射出来，持续时间达一个月之久，岩浆喷出的最高高度超过了纽约的帝国大厦。1984 年 3 月，莫纳罗亚火山又一次爆发，这举世罕见的壮丽景色，吸引了来自世界各地的游客。是夏威夷海岛上的一个活跃盾状火山，是形成夏威夷的五个火山当中的一个。虽然它峰顶比相邻的冒纳凯亚火山要低 36 米，但夏威夷人仍然把它命名为「MaunaLoa」，意为「长山」。估计它的容量大约为 75000 立方千米（18000 立方英里）。从冒纳罗亚火山喷发出的熔岩流动性非常高，这导致该火山的坡度十分小。

冒纳罗亚火山喷发了至少 70 万年，约在 40 万年前露出海平面，但当地已知最古老的岩石年龄不超过 20 万年。海岛之下其中一个热点的岩浆在过去千万年来形成了夏威夷岛链。随着太平洋板块的缓慢漂泊，冒纳罗亚火山最终被带离热点，并将在 50 万~100 万年后停止喷发。

12.1.7　马尔代夫

马尔代夫全称：马尔代夫共和国（原名马尔代夫群岛，1969 年 4 月改为现名），位于南亚，是印度洋上的一个岛国。由 1200 余个小珊瑚岛屿组成，其中 202 个岛屿有人居住。面积为 300 平方千米，是亚洲最小的国家。东北与斯里兰卡相距 675 千米，北部与印度的米尼科伊岛相距约 113 千米，马尔代夫南部的赤道海峡和一度半海峡为海上交通要道。

开发的旅游景点有：

（1）天堂岛。天堂岛是马尔代夫非常著名的度假海岛，在马尔代夫岛屿分级中属于第六级。天堂岛坐落在北马累北环礁，距离马累国际机场及首都马累大约 9.6 千米。岛的总长度为 931 米，宽为 250 米，走一圈不会超过一个小时。电影《日落之后》就是在天堂岛拍摄的。

（2）太阳岛。太阳岛是马尔代夫最大的休闲度假村，距马累需行船 4 小时。这个岛据称有上百万年的历史。

（3）双鱼岛。该岛是 2001 年、2002 年及 2006 年的"最佳海滨奖"得主，拥有长达 2 千米的洁白美丽的海滩，设施现代舒适。OLHUVELI 岛位于马累环礁南部，距离机场岛 34 千米，从马累国际机场乘坐高速艇到奥威丽海滩饭店仅需 45 分钟，白天夜晚都可航行。

（4）拉古娜岛。拉古娜岛只有度假行家才知道，是电影《青春珊瑚岛》

和《重回蓝色珊瑚礁》的拍摄地。拉古娜岛虽遗世独，但海滨度假小屋的设计细腻精致，保留文明色彩，设备齐全，雅致，给人有如在自己家里般的舒适感。

（5）卡尼岛。卡尼岛位于印度洋上的马尔代夫，是由多个小珊瑚岛组成的这个奇妙的没有城市感念的岛国。踏上卡尼岛的那一刻起，似乎真的走进了天堂的后花园，一切都是美得那么自然，美得无法用语言形容。

（6）玛娜法鲁岛。玛娜法鲁岛是休闲式度假村，拥有着马尔代夫的传统，同时与朴素、高雅亚洲风情配合得天衣无缝。这个度假村让您在马尔代夫享受到宁静舒适的服务。圆滑的、现代的、迷人的玛娜法鲁岛海滩度假屋为您提供了一个无比豪华的舒适环境。每一间别墅和套房都提供有私人游泳池，完全私人的和一个私人管家为您提供完善的、周到的服务。

（7）白金岛。白金岛（HudhuranFushi）在北马累群岛，距离马累 26 千米，从马累国际机场坐快艇 30 分钟就到酒店了。衍生词 Hudhu 意思是"白色的"，"Ran"的意思是"金子"，HudhuranFushi 又被称为"白金岛"。白金岛酒店环绕于茂盛的棕榈树之中，可以看到许多个同种类的热带动物与植物。

（8）阿雅达岛。阿雅达岛坐落在马尔代夫卡夫大鲁环礁上。度假村占地15 平方千米，覆盖着自然原生的植被，常年不断地向游客展现着充满马尔代夫气息的景观。从下飞机踏上阿雅达岛那一时刻开始，一座独具奢华气息的度假胜地便出现在您的眼前。您可以躺在带泳池套房的阳台上和泳池边，静静地饱览这如蓝宝石般闪耀的海洋，身临其境的体验阿雅达岛给您带来的无限意境。

（9）哈库拉岛。哈库拉岛位于美慕环礁，是环礁内第一所建立的度假村，距离首都马累 130 千米处，周围无污染的环境，与清澈的海水和葱郁的树林，加上邻近珊瑚礁潜点多，可从事潜水与水上活动很多。珊瑚岛本身是一个长形的岛屿，是一个极其清澈的湖泊，长有茂盛的植物，是一个度假的天堂，给人留下最美好的回忆。

（10）丽莉岛。丽莉岛位于南阿里环礁，2009 年 4 月重新开业。丽莉海滩度假村享有一个很大的世界性的声誉，其原始的海滩，郁郁葱葱的热带植物和异国情调的房型距离岸边仅数米。壮观的阿里环礁拥有世界上的一些接近的最令人惊奇的潜水地点有利位置。

12.2　国内海岛开发的不足与建议

12.2.1　海岛旅游开发中存在的问题

（1）海岛旅游粗放开发，产品雷同。我国海岛旅游正是蓬勃兴起之际，各地旅游业都致力于海岛旅游的开发。但在规模开发的同时，出现了海岛旅游开发模式雷同，只注重开发的规模而忽略了开发的质量与特色的问题。在这些广泛兴建的海岛中，除了气候和自然环境外，无论是从旅游项目到服务方式，还是从建筑到人文环境上，都缺乏特色。大多数岛屿的开发停留在粗放开发的模式，伴随各地岛屿开发数量增长的是千篇一律的海滨游泳或农家风情，缺少对各自的历史文化底蕴、自然文化景观等独特性资源做深入的研究、详细的策划与精致的开发，缺乏对各自的主题和灵魂的发挥。没有主体与灵魂的海岛旅游产品，便不能使游客体味到其中的精髓，没有长久的吸引力，也不能吸引更广泛的游客，给游客留下的往往就是沙滩与海水，而不能获得理想的心灵享受，这使游客去了一个岛后便没有想去其他海岛旅游的愿望，甚至宁愿选择成本较低的海湾度假；加上近几年出境游的规范与发展，使一些高端游客选择了国外的海岛旅游。可以说，这种开发模式严重影响了我国海岛旅游业的进一步发展。

（2）宣传力度不足，品牌意识薄弱。现在提起中国的海岛旅游，很难让国人立刻想到哪个知名的岛屿，而国外的游客对中国的旅游更是建立在文明古国的基础上，对于中国现代时尚的休闲度假胜地所知甚少，就更不用提海岛旅游了。中国海岛旅游要想吸引国内外广大消费者的眼球，要想打造世界级的知名度，要想创造国际性的旅游休闲胜地，除了要发掘其天然景观的个性外，还必须加大宣传力度，不断地精心策划一些别开生面的活动，通过策划有效的活动将消费者的胃口调动起来，达到增强吸引力和广泛宣传的效果。但目前的海岛旅游基本上处于粗放开发的阶段，缺少精品工程，没有用心于品牌策划，更没有什么特别的滨海活动。此外，品牌的创造还要注重细节，尤其在服务管理方面，如果细节不够到位，游客便感受不到体贴与细致，以及心灵上的温馨。旅游是一种精神消费产品，尤其是海岛旅游，因为它针对的旅游群体是以休闲、度假和疗养为目的的旅游者，只有细节做到位，游客的满意度提高，旧地重游的几率才会增加，但目前我国在此方面的

强调还不够，没能引起足够的重视。

（3）海岛基础设施薄弱，交通条件相对不便。由于大多数海岛远离城市，本身发展就比较落后，且我国海岛旅游业起步也相对较晚，所以基础设施比较薄弱。而海岛旅游业的基础设施建设本身就存在大投入、高成本和高风险的特点，海岛的淡水、用电都比陆地成本更高，难度更大，要将岛容岛貌做得上档次，没有大规模的投入难度将相当大，而大部分海岛不具备这样的资金基础。所以，我国海岛的基础设施建设还处于滞后的状态，供电供水等配套设施还需加强建设，岛上缺乏四通八达的交通运输网，房屋也停留在农舍状态，因此，游客不能够在此得到较高层次的物质与精神享受。另外，海岛与外界往来的交通联系还比较单一，一般靠海上运输来承担。这使得旅行的行程受天气状况影响较大，一旦遇到大风大雾就得停航，这也是很多旅行社对海岛旅游开发不够积极的原因之一。而对于那些远离大陆的岛屿，乘船颠簸时间较长，游客感到疲惫不堪，这就使海岛旅游脱离了休闲度假的基本意义。所以说，游艇、油轮和飞机等多种先进交通工具的丰富，无疑对海岛旅游的发展具有重要的现实意义。而现阶段，我国海岛旅游对这些交通设施的完善还略显不足。

（4）缺少统筹安排，缺乏相互协作。我国目前的许多海岛旅游产品开发定位单一雷同，大多数仅停留在滨海游和农家游阶段，而沙滩游泳在海滨旅游就可以实现，农家体验更是近郊旅游的项目，海岛旅游的开发略显无力而苍白。此外，近距离景区重复建设的现象也比较严重，从而形成了一些不必要的竞争，无法使游客得到更多的体验，海岛游的目的比较单一。大多数海岛旅游也缺乏有个性的包装和品牌策划，各岛屿缺少自己的特色。各地方岛屿缺少相互协作，只顾独自的开发和彼此间的竞争，重复建设现象严重，没能统筹规划，发掘各自的特色，从整体上推进海岛旅游业的发展。

12.2.2 海岛开发的长远规划

（1）有完善的发展规划。海岛旅游开发，要强调规划先行，拥有完善的规划，将有利于海岛旅游业的快速、高效发展。例如，坐落在印度洋上的群岛国家的马尔代夫，由26组自然环礁、1190个珊瑚岛组成，其中199个岛屿有人居住，991个荒岛，以海岛旅游闻名于世，旅游业也成为其三大经济支柱之一。马尔代夫海岛旅游业的成功，首先得益于其有完善的发展规划。

马尔代夫在海岛开发过程中特别重视海岛规划，规划是政府的职能，规划的设计充分考虑单一岛屿的整体性及与其他海岛的关联性，以规划指导开发，总体规划、分步实施，使得一岛一风格，整体如诗如画，被誉为印度洋上的人间乐园。马尔代夫海岛规划规定，岛上建筑物不得高于二层，同时以别墅式和木质结构为主；建在礁盘水面上的单层别墅则用木桥相连为路；各个风格不同的建筑物，也构成了岛上别具一格的亮丽风景线。而马尔代夫的每一个小岛都是一个天然的景色，由政府出租给不同的公司经营，各有各的风格和特色。岛上的旅店一般沿海而建，使游客一踏出房门便能走入细软而洁白的沙滩，投向大海的怀抱。另外，规划也控制了马尔代夫的工业污染，使海水清澈见底。

（2）有生态的旅游理念。世界上许多环境优美、景色宜人、人与自然和睦相处的成功开发岛屿的案例，都在说明要有一个持续健康的海岛旅游业，就必须要有生态的旅游理念。例如，马尔代夫著名的三低一高的开发原则（即低层建筑、低密度开发、低容量利用、高绿化率），就是为了保持原有的地貌特征，确保岛上旅游资源和生态系统不会遭到破坏，使游客能够感受到大自然的亲切，体会到休闲的享受；另外，马尔代夫还注重其岛上资源的持续发展，禁止砍伐树木，只能钓鱼不能网鱼，使得树木得以成长，丰富的渔业资源得以保存。又如，著名的泰国普吉岛，尊重岛上原有的热带风格，无论在建筑还是绿化过程中，都注重风格的统一与原生植被的保留；岛上的车辆也不许上山，而是采用有轨缆车来运送客人上山，建筑之间的交通也采用步行，从而避免了在山上建车行道而破坏山体的情况发生。

（3）有各自的发展特色。各国在开发其海岛旅游资源的同时，十分注重结合当地特点，发展风格各异的海岛旅游特色。例如，夏威夷的特色是打开心灵之门的草裙舞；韩国济州岛以世界上寄生火山最多和瀛洲十景而闻名；马尔代夫以麦兜故事中小猪麦兜总是念叨的椰林树影，水清沙幼，蓝天白云而让大家印象深刻；而巴厘岛又以丰富多彩的食物、木雕、蜡染、油画、纺织、舞蹈和音乐让游客沉醉其中，这些世界著名岛屿的案例无不在告诉我们注重发展海岛特色对于创造世界知名度的重要作用。再以海岛旅游业发展的楷模马尔代夫为例，其探索出的马尔代夫模式很值得借鉴。马尔代夫在开发海岛的过程中，始终采取四个一的模式，即一座海岛及周边海域只允许一个投资开发公司租赁使用；一座海岛只建设一个酒店（或度假村）；一座海岛

突出一种建筑风格和文化内涵；一座海岛配套一系列功能齐备的休闲娱乐及后勤服务等设施，从而使马尔代夫海岛旅游形成了一个独立、封闭、完整的度假区。

（4）有积极的宣传意识。要把海岛旅游业做大、做强，提高海岛旅游核心竞争力，宣传必不可少。世界上很多著名的海岛旅游胜地都是通过精心的策划和积极的宣传为世人所知的。例如，泰国的海岛旅游业就十分重视旅游宣传，在各景区、景点推出大量精美画册、招贴画以及宣传泰国风土人情VCD片；在主要客源国家设立驻外办事机构；设置景区景点的路牌及店牌，用泰文、汉文和英文做标识；简化入境手续，放宽对游客逗留时间的限制。这些在宣传上的积极投入，使人们在泰国可以随处体会到其浓厚的旅游氛围，了解泰国旅游的最新咨询，也感受到泰国人民的热忱，为泰国海岛旅游业的发展锦上添花。

（5）有科学的管理体制。为了促进海岛旅游业有序合理的开发，各国都有比较科学的管理体制和监管系统，并注重政府在海岛旅游业发展中扮演的重要角色，强化旅游部门的行业综合管理协调和监督能力。例如，有天堂味道之称的印度尼西亚的巴厘岛，为了保护岛上的生态系统，有政策法规强行规定岛上的建筑物不得超过四层。而泰国的普吉岛，原来生产锡矿，但为了岛上的环境，也做出了关闭所有矿场的规定。另外，在马尔代夫，海岛开发也实行了极为严格的审查制度，旅游部门每年进行两次的监督检查，对不达标的度假区进行罚款或者关闭，以维护整个海岛地区的信誉和秩序。可见，这些世界著名的海岛旅游胜地的背后，都有着强有力的科学管理体制做保障。

12.2.3　我国海岛旅游开发的对策借鉴

（1）整体规划海岛旅游，各地优势特色互补。海岛旅游开发要强调规划先行，要做出科学合理的旅游规划，使开发建设具有计划性、合理性、有序性及兼顾重点的特性。为此，首先要有一个完整的统筹规划，要处理好海岛开发建设与环境保护的关系，处理好旅游业与水产养殖、港口建设等之间的关系；既要根据各个海岛的自然环境、历史文化等特点，确定其主要功能，保留和发挥其个性特点，又要符合整体协调原则，形成一个区域旅游的整体。其次，要注意各岛屿间的优势特色互补和周边岛屿间的协调发展，避免

盲目、无序的开发。在做我国海岛旅游整体规划时，可以借鉴马尔代夫一岛一特色的开发模式，注意发掘各个海岛的地区特色、资源优势以及文化内涵，使各地的旅游产品独具特色，交相辉映，而不是盲目地开发；逐步推出一批人无我有、人有我精的海岛休闲度假旅游精品，使海岛旅游更加科学、合理的发展，具有长久的生命力。

（2）发挥政府职能作用，完善监督管理体制。政府部门在海岛规划开发过程中的作用巨大，在后期的监督管理作用也十分重要。在开发初期，要由政府出面，做海岛的整体规划，并由政府组织提供启动资金搞基础设施建设，并完善交通运输体系，待投资环境初步形成后，再将土地转让给投资者，并规定投资者要严格按照规划的要求进行建设；另外，政府将出让土地的收入投入再发展中，使海岛旅游发展建设步入良性循环。在后期的发展过程中，要注意完善各个监督管理部门的职责，注意各个项目建设的有序性和规范性，对建设的标准、范围要做出具体统一的规划；还要注重对开发项目进行定期或不定期的检查，尤其要注重对环境的保护程度，对违反规定的要严惩以警戒，从而保证海岛旅游业健康持续的发展。

（3）创造生态旅游环境，走可持续发展之路。由于海岛生态环境极其脆弱，因此，尤其要强调保护其生态环境和可持续发展。在发展海岛旅游业时，要以生态、绿色为理念，以生态旅游市场为导向，以旅游资源为基础，以保护生态环境为中心，兼顾海岛旅游的可持续发展潜力。一方面，要注意岛上原有生态环境的保护。在建设过程中要注意因地制宜，不要轻易破坏原有地形、地貌与植被，建筑风格也应与周围环境相协调，尽可能保持岛上的自然风格，创造和谐的海岛生态旅游环境。另一方面，要注意防止过度开发。因此，在海岛开发过程中首先要把好审批关。另外，可借鉴马尔代夫的三低一高的开发原则，针对海岛不同区位特色和环境容量，采取相应的保护措施，限制海岛开发强度，避免资源过度开发，以确保海岛生态环境不会因过度开发而受到损害，为游客带来舒适放松的享受。

（4）加强宣传促销力度，打造海岛旅游品牌。宣传必不可少，促销力度必须要加强。品牌的打造离不开成功的宣传，在世界各海岛游已成熟稳定发展和中国海岛旅游业刚开始蓬勃兴起的今天，如何打造中国海岛旅游高端品牌，已成为至关重要的问题。打造国际性海岛旅游品牌，可以借鉴东南亚各国从建筑式样、装饰壁画，到电视和灯箱广告、随处可得的精美旅游小册

子，还有热情洋溢的旅游咨询人员等多渠道的促销宣传模式。在此，想要提出的是借助精品时尚的偶像剧来做宣传的经营模式。韩国济州岛通过一部脍炙人口的韩国偶像剧《宫》走进中国广大青年人心中，而韩剧巴厘岛的故事也使巴厘岛成为情侣们向往的蜜月旅游胜地。借助精品偶像剧宣传，第一，可以引领一种时尚的潮流，使海岛游成为浪漫人士的挚爱；第二，偶像剧为所宣传的岛屿添加了动人的并广泛传播的爱情故事，增加了文化底蕴；第三，剧中的风景画面的拍摄，无疑不是广告的最好广告，这种不经意的宣传，不但节约了巨额的广告费用，而且使影视剧本身也可以赢利，这是事半功倍的做法；第四，影视剧中的经典物品，可以带动旅游相关行业的发展，如《宫》中的爱情信物 Teddy 熊已成为到济州岛旅游必买的旅游纪念品，甚至在济州岛还建有 Teddy 熊博物馆，使世界品牌 Teddy 熊文化得以在此宣传，也使该博物馆成为济州岛的一个旅游项目。

（5）重视旅游市场需求，建立特色海岛旅游。在海岛旅游的发展过程中，我们要注意满足风格各异的品位需求和不同档次的消费需求，注重海岛旅游市场的多元化发展和海岛建设的个性化发展。借鉴世界各岛屿的发展特色与发展风格，坚持一岛一特色的旅游开发理念，充分发掘各地方的资源环境特点、风俗习惯特点、饮食文化特点以及建筑风格特点，把我国丰富的岛屿资源打造成特色鲜明的海岛旅游胜地。世界海洋旅游业的发展，在经历了三个阶段后，正在向第四个阶段海洋文化生态旅游阶段发展，而我国正是一个有着悠久和灿烂文化的文明古国，因此可以充分发掘我国旅游的文化内涵，适应世界这一新的趋势。另外，我国的海岛旅游业起步较晚，相比世界其他海岛旅游胜地，在设施和管理等方面都存在差距，因此，要扬长避短，尤其要注重特色的发展，发挥文化生态旅游的优势，做细海岛旅游市场，满足广大游客的多元需求，在国际海岛旅游市场竞争中占有一席之地。

（6）策划丰富旅游产品，加强休闲度假品质。海岛是休闲、度假的理想去处，但是海岛旅游的功能定位不能仅限于此。海岛旅游的开发、策划应该多方位多角度去着手，海岛旅游的产品也应丰富多彩，要用各种娱乐项目去增强海岛休闲旅游的品质，同时也用休闲度假的主体功能带动其他旅游产品的发展，使游客在岛中既游又玩，既休闲又娱乐。因此，要善于利用海岛良好的环境资源和独特的封闭性，从海面、海岛、天空等多方面进行多种类型的开发。例如，自然风光、文物古迹、民族风情和人造景观等观光型旅游产

品；3S（Sun，Sand，Sea）享受、美食旅游和豪华游船等度假型旅游产品；展览、办公和会议等商务会展型旅游产品；民俗、博物馆、寻古和学术等文化型旅游产品；自然旅游、观鸟旅游和海洋公园等绿色生态型旅游产品；水上运动、温泉康复和高尔夫等健身康复型旅游产品；探险游、海底游和极限运动等猎奇刺激型旅游产品。用这些丰富多彩的海岛旅游产品，让海岛旅游具有自己的独特魅力，拥有持久的生命力，以吸引大量的海内外游客，让游客乐在其中流连忘返。

这些国外成功开发海岛旅游业的案例为我们合理开发我国优厚的海岛资源提供了丰富的经验。有效地借鉴成功先例，因地制宜，规划发展独具特色的海岛开发方案，是当前海岛开发的重点。

参 考 文 献

［1］李悦铮．海岛旅游开发规划：理论探索与实践［M］．北京：旅游教育出版社，2011.

［2］方百寿．话说中国海洋［M］．广州：广东经济出版社，2014.